Luis Jorge González

LIBERTAD
ante el
ESTRES

con programación neuro-lingüística

EDICIONES DEL TERESIANUM
México

EDICIONES DEL TERESIANUM
Rio Tiber No. 68-203 Colonia Cuauh-
temoc C. P. 06500 México D. F.

ISBN: 970-91056-0-4

Este libro se acabó de imprimir
el 12 de enero del año 2002

Impreso en México.
Printed in México.

DEDICATORIA

A todos los que participan en la organización de mis talleres de "Excelencia Personal" y a quienes toman parte en los mismos sea en México que en los Estados Unidos y en España.

AGRADECIMIENTO

Aprecio con todo mi corazón la ayuda de quienes organizan mis talleres, sobre todo, Paty y Enrique Farías, Tere y Fidel + Villarreal, Margarita y Salvador Campos, Maruja y Ma. Eulalia Pérez Porrúa, Javier Aguayo y Carolina Del Castillo, Ma. Luisa Pérez Maldonado y comunidad, Silvia y Francisco + Arizabalo, Alejandra y Bob López, Mariela y Francisco Gómez, Raúl y Ma. Elena Cantú, Jorge, Basy, Diana y Alejandra Zertuche, Carmelo Piña +, Víctor, Josefina y Hnos. Piña Leos, Lupita Bonilla y Rosita Conn, Ernesto Flores y Humberto Álvarez, Jorge H. Santos, Luz María y Lety González, Laura Celina Chávez con su comunidad y padres de familia del "Parralense", Irma Garza, Yaya y Rafael, Irma V. De Espinoza, Yoya Canseco y Lolita Gómez, Martha y Pedro Rodríguez, Don Salvador +, Chava, Rosita y Tere González, Estela S. de Romo de Vivar con Beatriz y Rosario, Familia Ibarra, Minerva Nísino y Rosa Jiménez, Beatriz C. de Ibargüengoitia, Laura Zesati, Rosario Borrego, Lupita Núñez, Maruquita Elías, Julieta y Willie Uribe, Alma Reyes de Lencioni, Tere Núñez, Lourdes Salcedo y Carmelitas del Sagrado Corazón, María Luisa Rodríguez, Susana Hernández, Raquel Lobo y colaboradores, Gloria Reveil, Andrés y colaboradores, Josefina Huerta.

Un recuerdo Carlos, Ismael y Fernando Pérez Maldonado, Teresita Vila, Rodrigo y Maya Lobo, Ubaldina, Olivier y Nereida Barrera.

Vaya todo mi amor para mis familiares, González-Hernández-Gómez-Pérez-Maldonado, También para Coco y Pedro Califa y cada una de las personas que tengo la oportunidad de encontrar por los caminos de este mundo.

INTRODUCCIÓN

En este momento de nuestra historia es urgente abordar el asunto del *estrés*. Y no tanto por curiosidad teórica, sino por apremio práctico y vital.

Sólo en los Estados Unidos las consecuencias del estrés representan un gasto anual de 200 mil millones de dólares. En efecto, el proceso de adaptación y desgaste implicado por el estrés influye negativamente en el mundo del trabajo. Provoca ausentismo, ejecución imperfecta de las tareas, tensión en las relaciones, Pero el estrago mayor consiste en el daño a la salud.

El Dr. Peter G. Hanson insiste en que el estrés se halla relacionado con el 80 por ciento de las enfermedades, Y las que no son provocadas directamente por él, sí resultan agravadas por él.

Por la misma razón que repercute en la vida laboral, influye también en forma nociva dentro del núcleo familiar. El estrés excesivo entorpece la cordialidad; facilita la irritabilidad; aumenta los conflictos; exacerba los odios y el resentimiento.

Es palpable que en tales condiciones no es posible el bienestar y menos aún la felicidad. Por el contrario, la existencia se torna pesada, molesta, indeseable.

De aquí resulta la urgencia de saber manejar el estrés. El cual no sólo representa el enemigo número uno de la economía global, sino también de la salud pública y del bienestar familiar y personal.

En este contexto vale la pena contar con el mayor número posible de alternativas para el control del estrés. El cual se muestra menos nocivo, para hombres y animales, cuando el individuo o el grupo lo puede controlar.

Consciente de que vivir es elegir, te propongo diversas opciones para el manejo del estrés en tu vida. Al mismo tiempo te ofrezco algunas referencias bibliográficas para que puedas profundizar en este asunto tan importante.

Mi aportación personal consiste en incluir los descubrimientos de Programación Neuro-Lingüística. Con lo que consigo añadir algo más a lo que ya se ha escrito sobre el estrés. Al menos esta es mi impresión al respecto. Tú tienes la última palabra. A la hora de poner a prueba los recursos de Programación Neuro-Lingüística, tú vas a detectar si mi impresión es adecuada o no.

El esquema que voy a seguir en la presentación de este desafío que es el *estrés,* y del manejo del mismo, implica en su primera parte los capítulos siguientes:

1.–EL ESTRÉS COMO AMBIENTE
2.–NATURALEZA DEL ESTRÉS
3.–EL ESTRÉS EN LA ENFERMEDAD

PRIMERA PARTE

1— EL ESTRÉS COMO AMBIENTE

Sí, en el momento actual nos toca vivir en un ambiente lleno de presiones. Por doquier se levantan exigencias que ponen a prueba nuestra capacidad de adaptación. Casi sin descanso nos vemos enfrentados con reclamos publicitarios, con la propaganda política, con las preocupaciones económicas, con un bombardeo constante de noticias...

Se diría que no es posible disfrutar de la calma y distensión en la presente etapa de la historia. Incluso en el campo y en las más remotas aldeas, gracias al radio y la televisión, se hacen presentes las tormentas que descargan su lluvia publicitaria, propagandística y noticiosa. Y en los más remotos rincones de las naciones, las chicas experimentan las exigencias de la moda; los hombres sienten la ambición de poseer mejor trabajo; las mujeres anhelan mayor comodidad en el hogar...

1. Las presiones de la vida moderna

En efecto, con sus cambios acelerados, con su multiplicidad de estímulos y posibilidades, la vida moderna nos someta a un estrés ininterrumpido. Lo cual ha hecho que en diferentes áreas de la ciencia se levante una protesta contra la modernidad. Esta había prometido en siglos pasados que convertiría nuestra tierra en un paraíso.

En realidad estamos presenciando lo contrario. Nos hallamos frente a los más severos problemas ambientales a causa de la contaminación. Por doquier las aguas de los mares, de los lagos y ríos sufren la presencia de sustancias contaminantes. Los campos se empobrecen con la abundancia de pesticidas y plaguicidas. El cielo está perdiendo su capa de ozono y no consigue protegernos de las radiaciones solares.

Dentro de las ciudades el ruido supera con mucho la capacidad de tolerancia que hay en nuestro organismo. Y los gases que salen de los escapes de los vehículos y de las chimeneas de las fábricas nos privan del nutriente más elemental para la vida: el oxígeno.

La economía también nos presenta presiones y desafíos. Sea por exceso que por carencia, el dinero suele tensionarnos. Y con facilidad nos empuja hacia el estrés. Consigue quitarnos el sueño, el hambre y la capacidad de gozar la vida.

La política, con sus contradicciones e injusticias también es fuente de presiones. A veces entramos en conflicto con los miembros de otro partido. En ocasiones somos víctimas de los abusos gubernamentales. Con frecuencia somos testigos de la ineptitud y corrupción de la burocracia. Muchas veces, sea en carne propia que en la de un amigo o familiar, padecemos la lentitud e ineficacia de jueces y magistrados en el proceso de hacer justicia...

Los conflictos sociales nos acarrean preocupaciones más estresantes. Esto vale sobre todo para el fenómeno de la violencia. Tal vez en carne propia hemos sobrellevado la humillación de un asalto a mano armada. Quizá hemos sido lastimados o heridos físicamente. Incluso, por desgracia, hemos saboreado la vejación degradante de una violación en la persona de una mujer querida. No conozco, como psicoterapeuta, experiencia más humillante y dolorosa para la mujer que un abuso de esa índole...

Con los avances del mundo moderno, la familia va perdiendo su encanto, su clima de hogar, su calidad de refugio afectivo. Muchos rehuyen, por lo mismo, el compromiso matrimonial.

Abundan en consecuencia los hijos naturales, que carecen de uno de los progenitores o de ambos. Los divorcios se hallan a la orden del día. De hecho, pocas experiencias resultan tan estresantes como el divorcio. De acuerdo a un estudio solicitado por el gobierno de los Estados Unidos el divorcio lleva el estrés hasta el extremo de causar la muerte. Y así, los que mueren por esta causa son tantos como quienes fallecen por abuso en el fumar.

Proporción de muertes

	NO FUMADORES	20 + CIGARRILLOS DIARIOS
Casados	796	1,560
Divorciados	1,420	2,675

A nivel individual se despiertan presiones que la modernidad intensifica. El paso de una etapa a otra, dentro de la evolución personal, conlleva una crisis. Dejar el vientre materno, a través de lo que llamamos nacimiento, es una situación de estrés mucho más grave de lo que suponemos. El Dr. Stanislav Grof ha demostrado con sus investigaciones que se trata de una lucha entre la vida y la muerte.

Aunque no sea en tales proporciones, cada uno de los cambios posteriores en el desarrollo, implica estrés. Sabemos todos por experiencia que el tránsito de la niñez a la vida adulta —la adolescencia— es particularmente crítico.

Incluso el hecho de celebrar el matrimonio, no obstante que exista gran amor, genera mucho estrés. Lo cual es agravado por las exigencias tradicionales de tipo social. Y más en la actualidad cuando disponemos de mayor abundancia en los bienes de consumo. Y el afán de competir con otros en el lujo, en la adquisición de una casa elegante, en la celebración de una fiesta espectacular, en una luna de miel en tierras lejanas... incrementa las presiones.

A todo esto podemos añadir circunstancias tensionantes como la pasada guerra del Golfo Pérsico que, incluso entre los niños, generó niveles elevados de estrés. También se presentan catástrofes naturales como inundaciones, terremotos, sequías, hambrunas, epidemias, etc.

No faltan, dentro de la vida moderna, las crisis existenciales y espirituales. A veces por no encontrar un sentido a ciertas experiencias de dolor y sufrimiento. En otros casos por haber entrado en un estadio más avanzado de la vida espiritual, tenemos que soportar el conflicto y la tensión interiores...

2. El factor tiempo

Cierto, en la cultura occidental y, sobre todo, en las grandes metrópolis, el *tiempo* se ha convertido en un factor de estrés. Ya en la novela de A. de Saint Exupéry, llamada *El Principito,* el zorro que se ha hecho amigo de éste comenta que los hombres no tienen tiempo para hacer y conservar amistades.

Esta situación se va generalizando día con día, y no sólo en relación con los amigos. Nos falta tiempo para todo. Andamos corriendo de un lado a otro. Experimentamos el estrés de la prisa. Y no conseguimos pasar un rato tranquilos con los hijos, con el propósito de escucharlos y dialogar con ellos. Otro tanto nos ocurre respecto a la esposa o el esposo, los familiares y colegas, los propios empleados y colaboradores.

Por supuesto tampoco disponemos de tiempo para hacer ejercicio físico cada día. Y más difícil nos resulta llevar a cabo la recomendación del Mahatma Gandhi, y sacar diariamente unos minutos para la oración. Lo propio nos sucede cuando nos proponemos oír música, leer un libro serio, disfrutar el atardecer, admirar la belleza de las flores y plantas que nos rodean...

Esta constante falta de tiempo para realizar lo que queremos hacer, mantiene nuestro ánimo en tensión. Y la sensación amarga de no satisfacer nuestros deseos, que solemos llamar *frustración,* nos pone los nervios de punta. Lo cual se agrava cuando llegamos tarde a una cita. A una reunión de trabajo, al encuentro con un amigo...

El tiempo como factor de estrés suele afectar de manera especial a los que ejercen ciertas profesiones de servicio como los médicos, enfermeras, psicólogos, psicoterapeutas, sacerdotes, maestros, amas de casa, jefes y entrenadores de personal, ejecutivos, empresarios, atletas que compiten, controladores del tráfico aéreo, sobrecargos de aviones comerciales... Se diría que en éstas y otras funciones similares trabajamos contrarreloj. El tiempo nos presiona para ejecutar una determinada tarea.

Hace unos días un cirujano de Ciudad Victoria, en México, me explicaba que su profesión implica niveles tan elevados de estrés, que la amenaza de infarto es constante para él y sus colegas. Algunos han caído muertos en el momento de ejecutar una cirugía...

El otro extremo, esto es, el disponer casi ilimitadamente del tiempo, porque no hay nada qué hacer, se ha demostrado igualmente destructivo para el ser humano. Son conocidas las investigaciones realizadas en la Antártida. Allí los científicos y empleados caen en una especie de trance hipnótico que los inutiliza. A la hora de la comida suele sucederles que al llevarse una cucharada de sopa hacia la boca, se quedan inmovilizados a medio camino. Y pueden pasarse varios minutos sosteniendo la cuchara en el aire...

Así que tanto la falta de tiempo como su exceso dañan a los humanos. En un caso por razón del estrés y en el otro por la ausencia total de estrés.

3. El espacio limitante

El tiempo se halla relacionado con el espacio. Por ello las distancias se tornan estresantes. No alcanzamos a recorrerlas tan rápidamente como quisiéramos. Peor todavía con las complicaciones del tráfico en la megápolis. En éstas nos vemos enfrentados cada día con los embotellamientos. Los cuales suceden precisamente a las horas punta. Cuando nos afanamos por llegar a tiempo al trabajo o deseamos regresar pronto a casa, somos entorpecidos por la hilera de cientos de autos que se mueven muy lentamente...

Algo similar ocurre en la vida social a causa del fenómeno que J. Ortega y Gasset denomina "la rebelión de las masas". Por doquier nos encontramos con aglomeraciones: en los estadios y campos deportivos, en los espectáculos musicales, en los aeropuertos y estaciones, en los restaurantes y mercados, en las playas y en las carreteras... En consecuencia, tenemos que hacer cola, por un motivo u otro en casi todas partes y todos los días.

Cuando deseamos afanosamente saltar la fila y nos enojamos si alguien desea colarse, es muy probable que estemos reaccionando con estrés. Entonces nos desesperamos por estar en la línea. Nos parece que avanzamos muy lentamente. Y sentimos que en esta situación es razonable la afirmación de Sartre, "el infierno son los otros".

Nuestro nivel de estrés aumenta todavía más cuando el espacio nos limita en la atención a un enfermo. Peor aún si es la esposa o un hijo quien se halla en estado de gravedad. En este caso las distancias nos resultan infinitas...

También la falta de espacio o la estrechez del lugar incrementan el grado de estrés en nuestro organismo. Dentro de un elevador nos sentimos incómodos y tensos al experimentar la cercanía inevitable de seres humanos desconocidos.

Muy diversos experimentos han comprobado que la falta de amplitud en el lugar donde vivimos eleva la agresividad. Este efecto es observable incluso entre los animales. Y en los humanos, debido a su inteligencia, resulta mucho más peligroso, ya que pueden echar mano de armas que logran potenciar la agresión.

El barrio donde vivo, en México, D. F., abunda en las llamadas "vecindades". Las cuales constan de un largo pasillo al aire libre. Y a los lados de éste hay cuartos o habitaciones de proporciones más bien pequeñas. Y en cada una de ellas vive una familia entera. Y por si fuera poco, los excusados y duchas, al fondo del pasillo, son comunes. Hay que hacer cola para usarlos.

Como es de esperar, en ese ambiente hay conflictos frecuentes. La agresividad de muchos de sus niños resulta notoria. No faltan los robos. Los insultos y palabrotas son lanzados no sólo contra los vecinos, sino también contra los propios hijos o hermanos. Y de vez en cuando la agresión es física. Incluso, aunque más raramente, llegan a incurrir en el asesinato...

Porque el espacio se ha convertido en un generador de estrés dentro de las grandes ciudades, no sólo es normal, sino urgente que los fines de semana y en vacaciones busquemos el campo, la playa, la montaña...

2— NATURALEZA DEL ESTRÉS

En este capítulo me propongo clarificar con mayor precisión el significado de la palabra *estrés*. En efecto, el autor del libro *The Stress of the Life,* el célebre Dr. Hans Selye, insiste en que el estrés no consiste en un agotamiento nervioso ni en una excitación emocional muy intensa como suele creerse vulgarmente.

1. Definición del estrés

Entonces, ¿qué es exactamente el estrés? Para el Dr. Selye, en su libro *Stress Without Distress,* "el estrés consiste en la reacción no específica del organismo a toda demanda que le sea hecha".

El Dr. Peter G. Hanson, en su libro *Stress for Success,* escribe, "por definición, estrés es la adaptación de nuestro cuerpo y mente al cambio".

El Dr. Chopra, autor del libro *Creating Health,* afirma que "el estrés consiste en la acumulación de las presiones normales y anormales de la vida diaria que ponen a prueba la habilidad del individuo para enfrentarlas".

Cada una de estas definiciones enfatiza un aspecto diferente del proceso por el que nos adaptamos, mental y corporalmente a las múltiples exigencias de la vida.

La *reacción no específica del organismo* se comprende mejor a la luz del *proceso del estrés* que enseguida vamos a considerar. Y significa que muy diversos estímulos, tanto felices como penosos, producen la misma reacción orgánica. La cual conlleva, entre otras cosas, una descarga de adrenalina en la sangre. Y dicha descarga ocurre lo mismo al dar un abrazo efusivo que al jugar un partido de tenis o al leer una noticia desagradable en el periódico.

Con esa reacción no específica *nuestro cuerpo y mente* procuran *la adaptación al cambio.* Este forma parte de la existencia humana. Es natural que enfrentemos el cambio de muchas maneras cada día. Y si *vivir es elegir,* resulta normal el proceso del estrés. Necesitamos adaptarnos a toda demanda que nos sea hecha.

Pero, tal como acabamos de considerar en el capítulo anterior, vivimos en una época en que presenciamos *la acumulación de las presiones normales y anormales de la vida diaria.* No son simples demandas. Se trata de incitaciones y reclamos que, al parecer, resultan enormes para nuestra capacidad de adaptación. Y precisamente por este motivo ponen a prueba nuestra habilidad individual para enfrentarlas.

Este hecho señala que el estrés no proviene exclusivamente del exterior. Los acontecimientos externos son filtrados por nuestro cerebro. Allí es donde, en última instancia, la acumulación de las presiones se mantiene como algo normal o se transforma en una vivencia anormal.

Tal vez lo que acabo de afirmar te parece oscuro. Ya tendré ocasión, a lo largo de este ensayo, de clarificar su sentido. Por ahora es suficiente con advertir que *la habilidad del individuo para enfrentar* las presiones es lo que hace la diferencia. Esto significa que un buen uso de nuestras capacidades nos ahorra el malestar del estrés.

Y es el momento de subrayar que el estrés, de suyo, no es nocivo. Se trata de un proceso natural. Mientras se mantenga dentro de ciertos límites resulta indispensable para vivir.

De hecho, la ausencia de estrés se demuestra tan nociva como la elevación del mismo. Por esto se puede sostener que la liberación total del estrés es la muerte. En la Antártida, como he señalado anteriormente, la carencia de presiones causa el mismo tipo de enfermedades que produce el exceso de estrés. Y eso a pesar de que los 800 habitantes del lugar han sido seleccionados cuidadosamente. Se trata de personas bien educadas y entrenadas para soportar los rigores del mismo. Y con todo, en aquellas condiciones se enferman, pierden el control de su agresividad, entran en un letargo paralizante. Algunos se juegan la vida haciendo exploraciones prohibidas en el mar helado. Prefieren morir que seguir perdidos en el aburrimiento.

Se comprende, por tanto, que el deseo popular de quitar todas las distracciones, con el propósito de cumplir bien una tarea, resulta irreal por completo.

Por otra parte, también es posible que el estrés, como vengo insistiendo, se vaya al otro extremo. Puede ser que la habilidad del individuo no sea suficiente para controlarlo. En tal caso el proceso de adaptación entra, de acuerdo al Dr. Hans Selye, en las fases siguientes:

1) *Reacción de alarma.* El cuerpo muestra los cambios característicos de la primera exposición al estresor. Al mismo tiempo disminuye su resistencia. Si el estresor es suficientemente fuerte (quemaduras severas, temperaturas extremas, etc.) la muerte puede sobrevenir.

2) *Etapa de resistencia.* Surge la resistencia si la exposición continuada al estresor es compatible con la adaptación. Los signos corporales propios de la reacción de alarma prácticamente desaparecen. La resistencia sube por encima de lo normal.

3) *Etapa de agotamiento.* El ser expuesto al mismo estresor en forma continua y prolongada, llega a agotar la energía para la adaptación, no obstante que el organismo se haya adaptado previamente. Los signos de la reacción de alarma reaparecen, pero ahora son irreversibles. Es casi seguro que el individuo muera.

No olvidemos que semejante proceso puede ser desencadenado por experiencias extremadamente placenteras o desagradables. Imaginemos que una madre ve partir a su hijo a la reciente guerra del Golfo Pérsico. Un buen día le notifican que su hijo ha muerto. Podemos representarnos la severidad del dolor y del estrés que padece...

Semanas después, en una tarde primaveral y soleada, aquella mujer oye que timbran a la puerta de su casa. Va a abrir. La voz que responde a la pregunta: ¿quién es?, le parece familiar. Abre, y se encuentra con su hijo... La noticia previa era falsa. Su hijo está vivo. Y al verlo, su gozo y amor maternal son desbordantes. Su excitación emocional alcanza niveles muy elevados...

A la luz de este ejemplo podemos comprender mejor la figura siguiente:

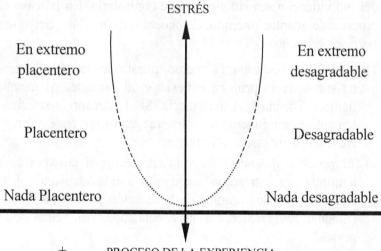

Ahora podemos precisar un poco mejor el concepto de estrés. Y de acuerdo a este cuadro, el estrés aparece en los extremos. Nada de estimulación, lo mismo que la estimulación extremada, pueden ser experimentados como una presión para el organismo. Así es como se pone a prueba la habilidad del individuo para enfrentar el estrés.

2. Proceso del estrés

Por ser una *reacción no específica,* el proceso del estrés aparece uniforme a pesar de que las presiones sean de muy diversa índole. Esto significa que el cuerpo responde de la misma manera aunque el estresor sea en extremo placentero o desagradable.

Por otro lado, la acumulación de presiones puede ser de tipo físico o psíquico. Una serie continuada de partidos llega a estresar a un jugador profesional. Las preocupaciones financieras suelen ejercer una presión psicológica en el individuo.

Me parece importante subrayar que el primer paso hacia el estrés consiste en la toma de conciencia. De alguna forma tiene que intervenir la *corteza cerebral.* Gracias a ésta registramos los estímulos como una amenaza que desencadena la *reacción de alarma.*

Dicha reacción es generada en el *hipotálamo.* El cual estimula la glándula *hipófisis* y las glándulas *suprarrenales.* Al mismo tiempo afecta en modo negativo a la glándula *timo,* provocando un encogimiento o contracción en ella.

De esta manera, a partir de las glándulas suprarrenales, la adrenalina y el cortisol entran en la sangre y nos preparan para el ataque o la huída. Son reminiscencias del hombre primitivo que constantemente era sorprendido por fieras y peligros mortales. Seguimos reaccionando del mismo modo frente a un jefe gruñón, un marido autoritario, una crisis financiera...

En forma gráfica se puede representar el *proceso del estrés* en el cuadro siguiente:

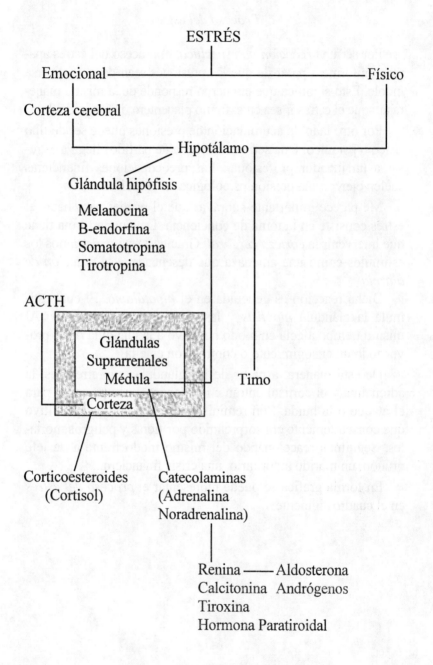

ESTRÉS

Emocional ———————————————————————— Físico

Corteza cerebral

Hipotálamo

Glándula hipófisis

Melanocina
B-endorfina
Somatotropina
Tirotropina

ACTH

Glándulas
Suprarrenales
Médula ——————— Timo
Corteza

Corticoesteroides   Catecolaminas
(Cortisol)   (Adrenalina
                           Noradrenalina)

Renina ——— Aldosterona
Calcitonina Andrógenos
Tiroxina
Hormona Paratiroidal

3. *Efectos del estrés*

Si tenemos en cuenta el cuadro anterior comprendemos que el estrés no se limita a producirnos sensaciones de tensión y sentimiento de malestar, nerviosismo e irritabilidad. Sus efectos químicos, que caracterizan la *reacción no específica del organismo,* son muy precisos y, al mismo tiempo, muy nocivos, si rebasan ciertos límites.

Cuando el estrés se mantiene en un nivel adecuado, entonces se demuestra semejante a la sal de la vida. Sabe dar sabor y gusto a nuestra existencia.

Por ejemplo, cuando tenemos un plazo fijo para hacer algo, nos tornamos más eficientes y creativos. Pero, cuando carecemos de esa presión podemos postergar nuestros asuntos de manera indefinida.

Si mantenemos el estrés dentro de los límites apropiados, que varían de individuo a individuo, resulta del todo saludable e, incluso, apetecible. Esto presupone que el control del mismo se halla en manos de la libertad de cada hombre.

El problema está en que la mayoría de los humanos ignora semejante posibilidad. En los ocho años que padecí de insomnio, ignoraba que yo podía controlar el estrés que se encontraba detrás de la falta de sueño.

Joan Borysenko, en su libro *Minding the Body, Mending the Mind,* recuerda algunas investigaciones sobre este asunto. En ellas se reporta que tanto en los animales como en los seres humanos, resulta decisiva la sensación de control sobre el estrés. Los que se sienten impotentes e incapaces de controlarlo enferman con mayor facilidad. Incluso se afirma que la "inhabilidad para experimentar el control del estrés, más que los acontecimientos estresantes en sí, es la que mayormente daña al sistema inmunológico".

Esto es tan cierto, que el Dr. Benson y sus colaboradores hicieron una investigación al respecto. Inyectaron en los voluntarios una cantidad mínima de adrenalina. Sólo les pusieron la cantidad que corresponde a la reacción que tenemos cuando alguien nos asusta gritándonos. "¡Buh!". Y descubrieron una baja inmediata en los glóbulos blancos.

Así que el estrés se relaciona directamente con la enfermedad en cuanto que daña el sistema inmunológico. Este es responsable de cuidar nuestra salud. También se encarga de recuperarla cuando la hemos perdido. Pero el estrés le impide la realización de sus funciones saludables o, al menos, las limita.

Se comprende entonces que los extremos del estrés resultan en verdad mortales. En cambio, tal como vengo insistiendo, cuando se mantiene dentro de cierto nivel resulta saludable. Corresponde a lo que normalmente denominamos *motivación*. Si experimentamos sed, hambre o cualquier otra necesidad, nos lanzamos a la acción. Entonces el hambre de realización, como nos recuerda el Dr. Selye, genera en nosotros la alegría de vivir.

Lo importante, en consecuencia, consiste en adquirir la capacidad personal de controlar el grado de estrés. Cada uno es responsable de ello. Dentro de nosotros existe el potencial y los recursos necesarios para desarrollar esa capacidad.

4. Signos de estrés

Si queremos ser capaces de controlar, con entera responsabilidad, el nivel de nuestro estrés, necesitamos reconocer los síntomas del mismo.

A este respecto suelo poner en mis cursos una comparación. Cuando éramos pequeños, entre el primer y segundo año de vida, la mamá nos ayudó a darnos cuenta —al nivel de corteza cerebral— de las sensaciones correspondientes a cierta cantidad de orines o de heces fecales en nuestro cuerpo. Y cada vez que detectábamos semejante cantidad, decíamos: "mamá, quiero hacer pipí o popó". Otro tanto sucede en el asunto del estrés. Es posible enterarnos de que está alcanzando cierta altura. Y es el momento de eliminarlo. Antes de que se vuelva excesivo o peligroso, podemos echarlo fuera de nosotros. Antes de que se vuelva crónico y empiece a enfermarnos y a traernos problemas laborales, interpersonales o emocionales, es posible cortarlo. No tenemos ninguna obligación de alimentarlo y sostenerlo en esas alturas peligrosas.

¿Cuáles son los signos de un estrés excesivo?... Voy a mencionar algunos de los que señala el Dr. Peter Hanson. Y, al mismo tiempo, soy consciente de que cada quien posee su propia medida. No hay en esto un termómetro universal. Con todo, ciertos síntomas suelen ser comunes. Repasarlos ahora nos ayudarán a descubrir, en la vida diaria, las señales con que nuestro organismo nos pide liberarlo del estrés.

En el aspecto corporal encontramos algunos signos, los cuales, por ser subjetivos, no suelen ofrecer todas las garantías como indicadores del estrés. Sin embargo, no dejan de prestarnos una ayuda para medir el nivel personal de éste.

Cabeza y cuello

— Tensión muscular.
— Dolores de cabeza, incluyendo las migrañas.
— Fatiga, confusión, pensamientos obsesivos.
— Agotamiento en el trabajo.
— Insomnio.

Pecho

— Espasmos en los bronquios con dificultad para respirar.
— Espasmos en los músculos de la parte superior de la garganta, con la consiguiente dificultad para tragar.
— Pesantez u opresión en el pecho.
— Pulso acelerado que retumba en la garganta o en el corazón.
— Ardor en el corazón.

Estómago

— Cambios en el apetito y, por lo mismo, en el peso corporal. Algunos bajan y otros suben de peso bajo la presión del estrés excesivo.
— Incremento en el uso de alcohol y drogas.
— Problemas intestinales. Puede tratarse de diarreas o estreñimiento.

Tracto uro-genital

— Orinar con excesiva frecuencia.
— Impotencia en los varones: frigidez en la mujer.
— Cambios menstruales.

En general

— Enfermarse con frecuencia sin aparente explicación. Tener resfriados frecuentes.
— Problemas en la piel como psoriasis, acné, etc.
— Incremento de enfermedades ya existentes como la artritis.
— Sudoración. Hipertensión arterial. Hiperglicemia.

En el aspecto social también contamos con ciertos signos. Estos nos permiten enterarnos de que el estrés ha rebasado los límites de lo conveniente. Nos marcan la hora de tomar medidas para cortar el exceso de tensiones.

Suele ocurrir que en casa nos pregunten por qué andamos tan distraídos. Nos hablan y parece que nosotros nos hallamos en otro mundo. En el trabajo sucede que el colega o la secretaria nos advierte que estamos cometiendo más errores que lo que suele ser normal. Los amigos dicen que nos notan un poco raros... irritables, retraídos, tristes, decaídos, nerviosos...

En lugar de reaccionar con molestia, enojo o tristeza frente a esta clase de comentarios. Podemos tomarlos como un *feed-*

back, esto es, como una luz que nos permite reconocer que nos hemos salido del camino propio de la salud... Por tanto, merecen nuestro agradecimiento quienes nos ayudan a descubrir nuestra situación personal.

En *Stress Without Distress* el Dr. Selye vuelve a insistir sobre el valor de la gratitud en nuestras relaciones humanas. "He venido a comprobar —escribe— que la *gratitud* es sólo un aspecto del concepto más amplio de amor, que ha sido empleado históricamente para englobar todos los sentimientos positivos para con los demás, incluyendo respeto, benevolencia, simpatía, y la mayor parte de las formas de aprobación y admiración".

Creo que al agradecer la iluminación recibida acerca de nuestra condición llena de estrés, ya estamos dando pasos para salir de él...

Una tercera forma de reconocerlo consiste en detectarlo desde el *aspecto médico.* Por medio de análisis y estudios se pueden medir los cambios físicos y químicos que lo delatan, sin tener que esperar a una quiebra severa en la salud.

En concreto, es posible medir la presión arterial, los niveles de azúcar, de colesterol y triglicéridos, de las catecolaminas y los corticoesteroides tales como la adrenalina y el cortisol.

Los alemanes realizaron una investigación sobre el colesterol en los animales como ciervos, gamuzas, ardillas, etc. De acuerdo al reporte correspondiente, los animales que habitan en bosques visitados con frecuencia por los humanos, tienen niveles más elevados de colesterol. Y los que viven en lugares poco frecuentados, poseen cantidades menores de esta clase de grasa que obstruye nuestras venas y arterias.

En este sentido, el chequeo médico realizado cada seis meses o, al menos cada año, se demuestra enormemente oportuno. Sus beneficios en la salud, bienestar y capacidad de servir a la sociedad y a la propia familia son fáciles de imaginar...

Rutinas de ese tipo, a mi parecer, lejos de constituir un hecho egoísta, representan un sentido de responsabilidad frente a los demás. Al ahorrarles las consecuencias de nuestra enfermedad —hasta donde quepa en nuestras posibilidades—, estamos siendo generosos con ellos. Me sospecho que puede haber más egoísmo en el descuido de la salud, bienestar, alegría y buen humor...

5. Factores estresantes

Los médicos y los psiquiatras han detectado que ciertos hechos suelen acumular mayor cantidad de presiones en nuestra vida. Los cambios, en general, someten a dura prueba la capacidad de adaptación que hay en nuestro organismo.

En este sentido, podemos advertir que el *cambio* brusco y severo en lo que retenemos como valioso o importante, constituye uno de los ingredientes de las tensiones que más nos estresan.

Propongo algunas de las escalas que, con mayor frecuencia se emplean para darse una idea del propio nivel de estrés. No se trata de vivir obsesionados por los problemas o dificultades. De ese modo no bajamos el grado de estrés que padecemos. Al contrario, se busca tener la mente y la memoria puestas en la vida, la salud, los proyectos de superación personal y social.

Y aunque tengamos el pensamiento y los recuerdos puestos en lo positivo y saludable, las siguientes escalas nos ayudan a cuidar que el estrés no se eleve por encima de los límites que cada uno de nosotros es capaz de controlar.

ESCALA HOLMES-RAHE

Evento de la vida	Valor	Tu nivel
Muerte del cónyuge	100	_____
Divorcio	73	_____
Separación marital	65	_____
Encarcelamiento por condena	63	_____
Muerte de un familiar cercano	63	_____
Herida personal o enfermedad	53	_____

Matrimonio	50	_____
Despido del trabajo	47	_____
Jubilación	45	_____
Reconciliación marital	45	_____
Cambio de salud en un miembro de la familia	44	_____
Embarazo	40	_____
Problemas sexuales	39	_____
Tener un nuevo miembro en la familia	39	_____
Ajustes económicos	39	_____
Cambio de situación económica	38	_____
Muerte de un amigo cercano	37	_____
Cambio a otra área de trabajo	36	_____
Cambio en el número de discusiones con la pareja	35	_____
Hipoteca de más de un año de salario	31	_____
Término del derecho a redimir una hipoteca	30	_____
Cambio de responsabilidad en el trabajo	29	_____
El hijo o la hija que deja la casa	29	_____
Problemas legales	29	_____
Éxito personal extraordinario	28	_____
La pareja empieza a trabajar o deja de hacerlo	26	_____
Comenzar o terminar la escuela	26	_____
Cambio en las condiciones de vida	25	_____
Revisión de hábitos personales	24	_____
Problemas con el jefe	23	_____
Cambio en las horas o condiciones de trabajo	20	_____
Cambio de casa	20	_____
Cambio de escuela	20	_____
Cambio de diversiones	19	_____
Cambio de actividad en la Iglesia	19	_____
Cambio en las actividades sociales	18	_____
Hipoteca o préstamo por menos de un año de salario	17	_____
Cambio en los hábitos de dormir	16	_____
Cambio en el número de familiares en casa	15	_____
Cambio en los hábitos de comer	15	_____
Vacaciones	13	_____
Navidad	12	_____
Violación menor de la ley	11	_____
Varios	—	_____

Total _____

ESCALA HANSON DE ESTRÉS LABORAL

Acontecimiento laboral	Valor	Tu nivel
Dejar el cigarrillo u otra adicción	60	
Hablar ante un público numeroso	55	
Problemas cotidianos	55	
Fusión de empresas	47	
Nueva tecnología en la oficina	40	
Adicción al trabajo (más de 12 horas diarias)	35	
El estrés de viajar (más de 4 días al mes)	30	
Transporte público (más de 5 horas por semana)	25	
Jefe nuevo	20	
Total		

Se sugiere que cuando la suma de los factores estresantes es menor de 150 unidades, tú tienes un 30 por ciento de probabilidades de padecer cambios en la salud. Si el total llega hasta las 300 unidades, la probabilidad es de un 50 por ciento. Si alcanzas más de 300, entonces es de un 80 por ciento la probabilidad de perder la salud.

El chequeo médico, siquiera una vez al año, reduce semejantes probabilidades. Además, de acuerdo a lo que hemos considerado, lo decisivo está en tu capacidad para sentir que controlas tu situación.

La Asociación de Psiquiatría Americana ofrece una lista de problemas que causan mayor estrés. Son presentados, en una escala descendente, de modo que el nivel de su intensidad es mayor en los de arriba y menor en los de abajo.

Conyugales (maritales o extramaritales): muerte del cónyuge, comprometerse, matrimonio, desacuerdo, separación.

Paternidad: convertirse en mamá o papá, enfermedad del hijo, enfrentamientos con él.

Interpersonales: enfermedad del amigo, problemas con los amigos, con los vecinos, con los socios, con el jefe.

Ocupacionales: en las actividades domésticas, en la escuela, en el trabajo (desempleo, jubilación, etc.).

Circunstancia de vida: cambio de casa, emigración, amenaza a la integridad personal.

Económicos: fracaso financiero, cambio de nivel económico, deudas.

Legales: ser arrestado, sentencia de cárcel, juicio.

Desarrollo: fases del ciclo de la vida: pubertad, adultez, menopausia, llegar a los "cincuenta".

Enfermedad física o heridas: enfermedad, accidente, operación, aborto.

Otras tensiones psicosociales: desastres naturales, persecución, embarazo no deseado, rapto.

Si observamos las diferentes escalas, resulta llamativo que lo más estresante en la vida se refiere al corazón. Aquello en lo que éste interviene, a través del amor, aparece como lo más tensionante y doloroso para nosotros los humanos.

Este hecho ha de ponernos alerta. Y no se trata de cerrar el corazón, para evitarnos sufrimientos, sino de abrirlo con prudencia. Siempre será un riesgo la apertura del mismo. Y vale la pena correrlo, porque por allí entran también los goces y alegrías mejores.

Sea como sea, al saber que en el amor se encuentra la fuente mayor del estrés, podemos tomar medidas para que éste no suba por arriba de los niveles saludables y constructivos.

3— EL ESTRÉS EN LA ENFERMEDAD

Uno de los mayores beneficios que puede traernos el control del estrés consiste en la salud. Esta resulta altamente amenazada tanto por la falta como por el exceso de estrés. De aquí la importancia de aprender a reconocer nuestra propia escala. Sólo así podremos saber cuándo nos falta y cuándo nos sobra. Y al ejercer control sobre él, lograremos responsabilizarnos de nuestra salud en modo apropiado y exitoso.

1. Desequilibrio del sistema inmunológico

Al revisar el *proceso del estrés* hemos visto que, a través del hipotálamo, el cerebro hace que nuestro organismo reciba todo un conjunto de hormonas que proveen, en forma rapidísima, cantidad de energía. Dos de estas hormonas —adrenalina y cortisol— se demuestran como poderosos inhibidores del sistema inmunológico.

Este sistema es el responsable de mantener, proteger y recuperar la salud orgánica. Al ser inhibido por esas hormonas, como es de suponer, pierde su capacidad natural para preservar nuestra salud frente a los virus, las bacterias, los parásitos, los hongos, las células anormales como las del cáncer, etc.

Repasemos los elementos fundamentales del sistema inmunológico. Cuando una bacteria —por ejemplo—, intenta vivir y multiplicarse a expensas de nuestro organismo, entran en acción los *macrófagos*. Los cuales envuelven la bacteria o virus para empezar a anularlo.

Los macrófagos generan la producción de *interleucinas* que estimulan la acción de las *células cooperadoras T*. También, gracias a los *interferones* participan en el proyecto de eliminar a los virus las *células K*, naturalmente destructivas.

Estas *células K* son las que tienen la capacidad de acabar con las células cancerosas.

Las *células cooperadoras T*, que aparecen como jefes del equipo de salud, emiten señales a las *células B* y a las *células citotóxicas T*, para que se unan en la tarea de eliminar a los intrusos.

La *célula B* ("B" de *bones*, porque se producen en la médula de los huesos), maduran y se convierten en *células plasmáticas*, que a su vez, generan *anticuerpos*.

Los *anticuerpos* son proteínas con la forma de una *Y*. Están hechos para reconocer la invasión de un virus o de una bacteria o de cualquier elemento extraño. En caso de tal amenaza, los *anticuerpos* envuelven a los virus y los neutralizan.

Las *células citotóxicas T* contienen armas químicas que arrojan sobre las células infectadas viralmente. Así aplican sobre éstas proteínas letales.

Cuando el organismo ha vencido a los virus, las *células supresoras T* dan la señal de retirada al sistema inmunológico. Como si le explicaran que la acción en favor de la salud ha sido exitosa.

Si las *células supresoras T* fracasan en su cometido de frenar la acción del sistema inmunológico, sucede entonces que éste empieza a destruir células normales del propio organismo. Es lo que sucede en ciertas enfermedades en que la medicina habla de *autoinmunidad*.

Al ocurrir todo en forma normal, y una vez que los virus han sido eliminados por completo, el organismo crea *células de memoria T* y *B*, que circulan permanentemente por la sangre. De este modo se asegura de que la próxima ocasión en que se presente la misma clase de virus, de inmediato será detectado y eliminado.

Habrás observado que cuatro de los miembros del equipo de salud llevan una *T*. Esta se refiere a la glándula *Timo*. La cual se encuentra en la parte superior del pecho, un poco más abajo del cuello. Y se la considera como el "director de la orquesta inmunológica". Es el lugar donde se entrenan y maduran las diversas clases de *células T*.

Ahora, después de repasar el funcionamiento del sistema inmunológico, es importante subrayar que el *estrés* puede desorganizarlo. El exceso o la falta de estrés ataca frontalmente a nuestro equipo interno de salud. Este, al desequilibrarse, o deja de cumplir sus funciones defensoras, o trabaja en modo equivocado destruyendo a células sanas. El Dr. S. Locker y D. Colligan, en su libro *The Healer Within*, nos aclaran esa situación en el siguiente cuadro.

Resultados

	Por exceso:	Por defecto:
Antígeno externo:	ALERGIA	INFECCIÓN
Antígeno interno:	AUTOINMUNIDAD (v.g., artritis reumatoide)	CANCER

En este cuadro puedes apreciar que si el sistema inmunológico se excede en su actividad, reacciona con exageración ante algo que, de suyo, es inofensivo. No viene al caso semejante reacción. Es de veras inútil. Y no sólo se demuestra innecesaria, sino desmedida y hasta destructiva.

Si esta actuación desmesurada va contra algo externo, nos provoca una *alergia*. Entonces se comporta como si padeciera una *fobia* ante elementos naturalmente innocuos: el polen de las flores, la leche, alguna fruta, el polvo, etc.

Si las exageradas medidas del sistema inmunológico se refieren a un elemento interno, puede ser que ataque a las células normales del organismo. Es lo que sucede en ciertas clases de lupus, artritis reumatoide, etc. Las *células supresoras T*, han descuidado su tarea. No dan la señal de retirada. Por tanto, células sanas son destruidas por el propio organismo. De aquí viene el término *autoinmunidad*.

Cuando el sistema inmunológico se inhibe o debilita y no desempeña su función con eficiencia, permite que los antígenos externos —virus, bacterias, parásitos, hongos— se desarrollen y multipliquen en nuestro cuerpo. Así aparecen las *infecciones*.

Al mostrarse incompetente frente a las células anormales —que de vez en cuando se producen en nuestro organismo—, permite que se multipliquen sin medida. Así es como surgen los *tumores cancerosos*.

2. El estrés a la raíz del cáncer

De acuerdo al libro *Getting Well Again,* del célebre oncólogo Dr. O. Carl Simonton, una de las explicaciones más plausibles de la aparición del cáncer en una persona es el estrés.

Los investigadores reconocen que los factores ambientales, como puede ser la contaminación, sustancias carcinógenas, predisposición genética, etc., no bastan para explicar que el sistema inmunológico deje de reconocer las células anormales, permitiéndoles que se multipliquen, se conviertan en tumores, alcancen la metástasis y pongan en peligro la vida de la perona.

De hecho está demostrado que las células anormales, de suyo, no son fuertes ni poderosas. Todo lo contrario. Por su propia naturaleza aparecen débiles y fáciles de destruir.

Por tanto, parece que lo decisivo se encuentra en el estilo de vida de cada individuo. Hay cierta predisposición en la personalidad de quienes desarrollan un cáncer. Suelen tener una historia de abandono y frustraciones, falta de relaciones interpersonales afectuosas y profundas. Y tras un período satisfactorio, viene de improviso la pérdida de la función o de la relación que generaba satisfacción y felicidad.

En este proceso, como hemos visto en el capítulo precedente, el cambio brusco produce estrés. Cuando éste se prolonga y se vuelve crónico, lo mismo que cuando resulta especialmente intenso, logra desorganizar el sistema inmunológico.

Si las condiciones deficitarias de este sistema coinciden con la aparición de células anormales en el organismo, entonces es muy probable que cobre forma el cáncer.

Se comprende así que el Dr. Bernie Siegel, que se ha hecho famoso con su *Best Seller*, sobre el cáncer, *Amor, medicina milagrosa,* indique que para la curación de este mal no bastan los métodos mecánicos: cirugía, radiaciones y quimioterapia. Tanto menos, cuanto que estos dos últimos dañan al sistema inmunológico y al sistema endócrino.

Consciente de esta realidad, el Dr. Siegel busca la manera de potenciar dichos sistemas. Propone, en primer lugar, la eliminación de los elementos negativos que atacan la capacidad inmunológica del organismo: resentimientos, estilo de vida agitado, malos hábitos alimenticios, problemas laborales o familiares y todo cuanto genere estrés.

En segundo lugar sugiere técnicas como la visualización del proceso curativo, la práctica diaria de la meditación, la adopción de emociones positivas como la paz, la alegría y la risa, la esperanza y seguridad respecto a la curación. Y sobre todo, insiste en el amor como medicina insuperable. Y no sólo el amor a los amigos y seres queridos, sino también a los enemigos. Un amor que se extiende a la naturaleza y que incluye, con efectividad, el respeto y cuidado del propio yo.

Quien enseñó estos recursos al Dr. Siegel fue el Dr. Simonton. El Cual, cuando describe el proceso del cáncer, pone el acento precisamente en el estrés. Con un cuadro nos describe los pasos neurológicos y orgánicos de tal proceso.

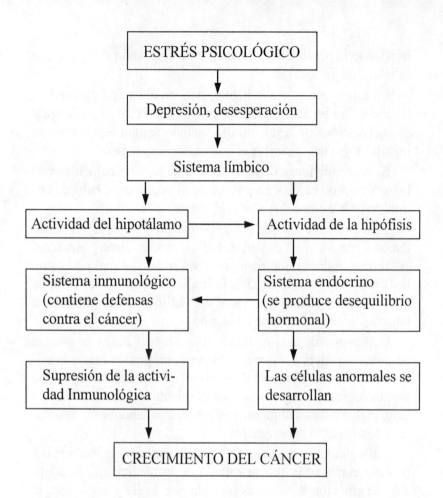

La experiencia clínica del Dr. Simonton confirma las investigaciones de otros sobre el papel del estrés en la enfermedad. Por ello se atreve a ponerlo como la fuente principal del cáncer. Lo cual parece bastante razonable, si reconocemos sus efectos destructivos en el sistema inmunológico y en el sistema endócrino.

Y no se olvida de subrayar que el "efecto de este estrés resulta todavía mayor, si amenaza algún rol o relación que es básica para la identidad del individuo, o si crea un problema o situación que no tiene aparente salida".

Por otro lado, también enfatiza que el estrés en sí no es el que daña al individuo, sino la reacción de éste ante el estrés. Cuando se reacciona con depresión o desesperación o impotencia, vienen los efectos desastrosos del estrés. De hecho, ese tipo de sentimientos, de acuerdo a los reportes de los investigadores, suelen anteceder a la aparición del cáncer.

De aquí se desprende que la curación del cáncer, incluso más que los métodos mecánicos, requiere los métodos psicológicos. Estos ayudan a enfrentar el estrés, a cambiar la percepción de uno mismo y de los problemas, a estimular el sistema inmunológico y el funcionamiento correcto del sistema endocrino. En tal caso, tenemos un cuadro diferente.

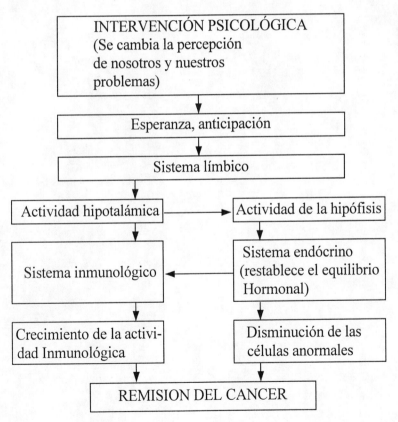

SEGUNDA PARTE

RECURSOS PARA LIBERARSE DEL ESTRÉS

En la primera parte hemos podido tomar conciencia de la gravedad del estrés, debido a los efectos perniciosos que sabe producir en nuestro ánimo y en nuestro cuerpo. Urge, por tanto, enfrentarlo con valentía y liberarnos de él cada día de nuestra vida. No podemos darnos descanso al respecto. O mejor, hemos de descansar tan efectiva y profundamente para eliminar cada día la carga de las presiones normales y anormales de la vida.

Sí, en efecto, no nos conviene darnos el lujo de descansar de las tareas que nos impone el descanso. Nos hace daño el abandonarnos con pesimismo en manos de las tensiones que nuestros pensamientos generan en nuestro ánimo y en nuestro cuerpo. Por el contrario, nos trae grandes beneficios el programarnos para encarar con paz y serenidad, en la medida de nuestras posibilidades, los obstáculos y problemas que surgen en nuestro diario caminar por las calles de nuestras ciudades.

Los *recursos* que voy a señalar en esta segunda parte existen dentro de nosotros. No hace falta estudiar una carrera ni seguir un curso especial ni leer muchos libros ni comprar tranquilizantes para emplear los *recursos* para la paz y serenidad que llevamos en nuestra naturaleza humana. Basta con reconocerlos, saber cómo usarlos y aprovecharlos efectivamente cada día.

Son siete los *recursos capitales para eliminar el estrés*:

1- MISIÓN PERSONAL VALORADA

2- PENSAMIENTO SERENO

41

3- SENTIMIENTO ESCOGIDO
4- COMPORTAMIENTO EXCELENTE
5- DESCANSO PROFUNDO
6- AMOR FRATERNO EFECTIVO
7- MEDITACIÓN COTIDIANA

1— MISIÓN PERSONAL VALORADA

Programación Neuro-Lingüística –PNL– ha sido probablemente la primera corriente de Psicología que se ocupa de un asunto tan fundamental y trascendente como el de la *misión personal.*

Al describir los *niveles neurológicos* de la experiencia humana, los autores de la PNL señalan la correspondencia que hay entre la *identidad* y la *misión.* Esta última no es otra cosa que la expresión de la identidad. De forma que, en el ámbito humano, la persona contiene la misión y la misión realiza a la persona. Nuestro ser es como una semilla de la misión. De ahí que sólo descubre su identidad quien descubre su misión.

Podemos repasar el cuadro sintético que la PNL nos ofrece acerca de los *niveles neurológicos.* Allí, con una visión de conjunto, podemos advertir mejor el lugar que le corresponde a la misión.

Nivel	Sistema nervioso	Lenguaje	Función
ESPIRITUAL	Sistema nervioso como un todo	*¿Quién más?*	VISIÓN
IDENTIDAD	Sistema inmune y endocrino	¿Quién?	MISIÓN
CREENCIAS/VALORES	Sistema nervioso autónomo	¿Por qué?	MOTIVACIÓN
CAPACIDADES	Corteza cerebral	¿Cómo?	DIRECCIÓN
CONDUCTAS	Cerebelo y centros motores	¿Qué?	LIMITACIÓN/
AMBIENTE	Sistema nervioso periférico	¿Cuándo/Dónde?	POSIBILIDAD

En este capítulo vamos a considerar tres puntos principales:

1. *Misión: catalizador de la energía personal*
2. *Misión organizadora de la vida personal*
3. *Misión: el desafío de ser*

1. *Misión: catalizador de la energía personal*

Entiendo por *misión personal* la *expresión existencial del ser o identidad de la persona que suscita un proceso altruista, con la voluntad certera y firme de promover los valores en armonía con la creación y con el Creador, al mismo tiempo que despierta las capacidades necesarias para realizar las acciones que dan vida a dicha promoción en un ambiente específico, y con el efecto de transformar al individuo en la persona que puede llegar a ser.*[1]

Doy por supuesto que tú conoces o estás buscando tu propia *misión personal.* También supongo que tienes acceso a las obras dedicadas a la búsqueda de la propia misión.[2] Imagino igualmente que tú, como otros muchos de mis lectores, la visión. Todavía se halla sumergida en las aguas profundas y oscuras de tu ser. Todavía no acabas de sacarla a la luz de la conciencia.

En este caso te propongo que elabores un enunciado provisional de lo que te sospechas que puede ser o pudiera ser tu misión en el mundo. Te puede ser útil, como un paso hacia la elaboración de tu enunciado, el hecho de plantearte una y otra vez algunas preguntas como las siguientes:

- *¿Qué quiero ser en el mundo?*
- *¿Qué es lo más valioso para mí en el mundo?*

---

[1] Propongo y explico esta definición en mi libro: *Misión personal*, Roma, Teresianum, 2000, pp. 23-26.

[2] C. Adrianne, *Encuentre su meta en la vida*. México, Plaza & Janés, 1998. H. Alphonso, *La vocación personal*. Roma, Centrum Ignatianum Spiritualitatis, 1991. L. J. González, *Misión personal*. Roma, Teresianum, 2000. L. B. Jones, *The Path*. New York, Hyperion, 1996. M. Linn, S. Fabricant Linn, D. Linn, *Descubriendo el propósito de mi vida*. México, Colibrí, 1999. J. Monbourquette, *À chacun sa mission*, París, Bayard, 2001.

- *¿Cuál es mi deseo más grande y atrevido para el futuro?*
- *¿Qué es lo más importante que puedo hacer en la vida?*
- *¿Cuál podría ser mi misión en beneficio de muchos y para mi realización como persona?*

El **enunciado de la misión** implica, por lo menos, tres elementos principales que respetan la claridad y sencillez requeridas:

1. VERBO
2. EFECTO CONSTRUCTIVO
3. BENEFICIARIOS

Por ejemplo, el libro *PNL. La nueva tecnología del éxito*, nos ofrece el enunciado de la misión del famoso director de cine, Steven Spielberg: "Soy un narrador a nivel planetario. Contaré historias que ayuden a las personas a crecer".[3]

En este enunciado encontramos las tres partes que configuran el enunciado de la misión. Ante todo tenemos el VERBO: *contaré historias.* Viene enseguida el EFECTO CONSTRUCTIVO de la acción propia del verbo: *que ayuden a crecer.* Los BENEFICIARIOS son: las *personas* en general, esto es, todos los que pueden ver sus películas.

Supongamos que ya tienes el enunciado provisional de tu misión. Ahora te puedes preguntar, ¿para qué me sirve saber mi posible misión en el mundo? ¿Cómo se relaciona la conciencia de tener una misión y el estrés? ¿Cómo me ayuda la intuición de mi cometido especial en la vida a reducir el estrés?

Los estudiosos de la misión han observado algunas características en las personas que han descubierto su misión y se

[3] S. Andreas y Ch. Faulkner, *PNL La nueva tecnología del éxito.* Barcelona, Urano, 1998, p.107.

45

hallan en el proceso de cumplirla. Normalmente, semejante descubrimiento genera los siguientes resultados:

- *La persona tiene un objetivo claro en la vida.*

- *La misión, en cuanto objetivo, suscita entusiasmo y pasión.*

- *El deseo de cumplir la misión despierta energías desconocidas en la persona.*

- *La persona tiende a alinear todos los componentes y talentos de su personalidad al encaminarse al cumplimiento de su misión.*

- *Los recursos personales se avivan y desarrollan en el proceso de realizar la propia misión.*

- *La persona se vuelve más inteligente y creativa en el afán de cumplir su cometido en la vida.*

- *Atraída por su misión, la persona se vuelve imparable en el impulso hacia su objetivo, semejante al torrente poderoso y flexible de un río en crecida.*

En estos rasgos apenas mencionados se advierte de inmediato que la conciencia de la propia misión actúa como un *catalizador de la energía personal.* No sólo esto. Unido a lo anterior, hemos de advertir que el *entusiasmo y pasión* suscitados por la misión personal genera el *compromiso* necesario para reducir o eliminar el estrés de la vida de líderes, ejecutivos, médicos, maestros, amas de casa, obreros, etcétera.

La investigadora Suzanne Kobaza, en los años 70, ha descubierto tres actitudes fundamentales que disminuyen la reacción de estrés en el ser humano. Si un ejecutivo, un cirujano o un maestro realiza su estresante trabajo con estas tres actitudes, normalmente se verá libre de los efectos nocivos del estrés. Tales actitudes pueden ser descritas con palabras que inician con la "C". Son las siguientes:

- *Challenge*: **Desafío**
- *Commitment*: **Compromiso**
- *Control*: **Control**

El *compromiso* con la propia misión puede suscitar la misma actitud en el momento de realizar el trabajo profesional. Este no se confunde con la misión personal. En algunos casos, sin embargo, el trabajo o las tareas propias de una vocación funcionan como una infraestructura que permite el cumplimiento de la misión. Para Spielberg el hacer cine representa un vehículo que le permite cumplir su cometido. Este consiste en filmar películas que *ayuden a las personas a crecer*. Podemos imaginar que el trabajo de filmar no es estresante ni agotador para Spielberg. ¿Cómo puede causarle tensión y nerviosismo algo que emprende con entusiasmo por haberlo asumido como un *compromiso* con su público?

Tú puedes desencadenar un proceso semejante al que vive quien realiza su misión. Tus tareas cívicas, laborales, familiares, personales y espirituales contribuyen, directa o indirectamente, al cumplimiento de tu misión. Al conectar ésta con actividades o situaciones estresantes, es normal que te comportes con más serenidad y con menos estrés.

Una *pregunta* breve te puede dar la clave para tomar como un compromiso entusiasmante lo que para otros resulta tensionante:

- *¿Cómo aprovecho mi trabajo para cumplir mi misión?*
- *¿Cómo puedo disfrutar mi exceso de trabajo a la luz de mi misión?*
- *¿Cómo me ayudan mis problemas a cumplir mi misión?*
- *¿Qué me enseñan las presiones de la vida para cumplir mi misión?*

- *¿Qué aprendo de mis preocupaciones para cumplir mi misión?*
- *¿Qué provecho saco de los hechos molestos para cumplir mi misión?*

2. Misión organizadora de la vida personal

Otra de las condiciones para que conserves la calma y serenidad ante las presiones normales y anormales de la vida consiste, según la investigación de Kobasa, en conservar el *control* de la situación.

Cierto, este control no puede ser completo y absoluto. A todos nos conviene ampliar, a los lados del sendero de vida, la franja de tolerancia y de flexibilidad. Con la *tolerancia* podemos soportar tranquilamente las frustraciones e inconvenientes propios de la existencia humana. Imposible eliminarlos de nuestro camino. Al mismo tiempo, la *flexibilidad* nos hace tener siempre en reserva otras acciones o recursos para llevar a cabo nuestro trabajo, actividades familiares y personales, relaciones sociales, metas espirituales.

Precisamente la conciencia de tener una misión especial en esta tierra favorece la ampliación del margen de tolerancia a la frustración. A la luz de una meta superior y distante, resulta más fácil relativizar las inevitables contrariedades de la vida. Comparadas con el objetivo de la misión se demuestran pequeñas e insignificantes. No merecen la descarga de adrenalina propia del estrés.

Cuando disponemos del enunciado de la propia misión, aunque ésta no sea del todo clara y precisa, podemos advertir con mayor espontaneidad la abundancia de posibilidades y alternativas con que la vida nos sale al paso momento a momento. Ahora mismo, mientras estás leyendo estas líneas, la vida se te ofrece como un abanico de posibilidades: puedes seguir leyendo, escribir alguna nota, reflexionar sobre lo leído, hacer oración, llamar por teléfono a un amigo, dormitar, levantarte a caminar, poner música de fondo, etcétera.

Tu mente se eleva a la altura de la misión de que eres más o menos consciente. Aunque ésta sólo consista en *sonreír para dar alegría a las personas que encuentres en el día,* representa ya una meta elevada. Desde lo alto del faro de tu cometido en el mundo se ensancha tu campo de conciencia y te das cuenta con mayor claridad de la abundancia de las posibilidades de que dispones momento a momento. Así la *flexibilidad* se va convirtiendo en una actitud capaz de hacerte reaccionar ante los problemas y dificultades con preguntas como éstas:

- *¿Qué posibilidades tengo?*
- *¿De qué alternativas dispongo?*
- *¿Cuál es mi mejor opción a la luz de mi misión?*
- *¿Qué alternativas hay detrás de mi mejor opción?*
- *¿Cómo realizo con excelencia mi mejor opción?*

Acabo de usar la metáfora del *faro* para referirme a una de las funciones que la misión desempeña en tus *procesos internos.* Su luz te sirve de guía para orientar tus pasos, para iluminar tus decisiones, para ordenar tus actividades, para organizar tu existencia, para dar efectividad a tus proyectos.

En resumen, los resplandores emitidos por la claridad mayor o menor de tu misión permiten que contemples el panorama de tu existencia como un campo abierto, fecundo en posibilidad, con un suelo fértil en que puedes realizar tus proyectos y ver cumplidas tus esperanzas. Todo esto te permite vivir la sensación de tener *control,* hasta donde es posible, de tu vida, tus circunstancias, tus actividades. Así logras mantener la serenidad, esquivando las presiones de los cambios, la prisa, el trabajo, los problemas, las tensiones familiares y demás elementos estresantes.

3. Misión: el desafío de ser

La misión te permite concebir tu existencia como una aventura, como el mayor desafío: el de llegar a ser la persona que puedes ser. Ortega y Gasset se lamenta de que pocos seres humanos llegan a ser el que pueden ser.

La misión, desde la perspectiva de las ciencias contemporáneas, incluida la Teología, se revela capaz de impulsar el proceso de convertirse en persona. Un teólogo español, O. González de Cardedal, sostiene sin más que "ser persona es tener una misión y cumplir un papel, de forma que la persona funda la misión y la misión realiza a la persona".

Carl R. Rogers señala en su libro *El proceso de convertirse en persona* es suscitado, mantenido y llevado a término mediante las relaciones humanas profundas. Estas, para ser realmente profundas, necesitan cimentarse en las tres actitudes básicas: *congruencia, aceptación* y *empatía*. Así, en el seno de un conjunto de encuentros preñados de transparencia, respeto y comprensión empática, según las observaciones de Rogers, el individuo llega a convertirse en una persona que funciona plenamente como tal.

Ahora descubrimos que el cumplimiento de la propia misión también es capaz de despertar y realizar el *proceso de convertirse en persona*. Las relaciones humanas siguen siendo como la matriz en que la persona se desarrolla. Las actitudes básicas –*congruencia, aceptación, empatía*– también se hallan presentes.

Quien cumple su misión ahonda su *congruencia*, haciéndola bajar hasta la hondura misma de su identidad, para luego expresarla mediante el servicio que brinda a los beneficiarios de su cometido personal en el mundo. La misión manifiesta el ser peculiar de cada uno mediante obras, servicios o productos concretos.

Será difícil encontrar alguno que, al realizar su actividad misional, prescinda del respeto y valoración del otro que palpitan en la *aceptación*. Rogers decía que esta actitud de *aceptación* "significa una forma de amor para la persona tal y como es; aclarando que nosotros entendemos la palabra amor como equivalente al término de los teólogos: *ágape*".

En base a mi experiencia con algunas personas que han encontrado su misión en el mundo, considero que, aunque menos obvia, también la actitud de *empatía* resuena en el corazón de quienes sirven a otros para cumplir su cometido personal. De una forma u otra tratan de comprender las necesidades, la mentalidad y los sentimientos de aquellos a quienes ofrecen los frutos de una acción bondadosa.

Actitud, en la Psicología, significa un *modo de ser* o, como dice Gordon Alport, "un estado psíquico, espiritual y neurológico, que habiendo nacido de la experiencia, ejerce un influjo rector y dinámico en todas las reacciones del individuo frente a las personas o situaciones con las que se halla en relación".

Por tanto, hemos de suponer que, en base a las actitudes, el cumplimiento de la misión nos permite llegar a ser la persona que todos podemos ser. La realización de la tarea especial que tenemos en la vida va desarrollando actitudes que moldean nuestro ser y le van dando la forma óptima y original que le corresponde.

Este horizonte del ser nos permite vivir nuestra existencia como un *desafío* y, en consecuencia, como una aventura que nos permite enfrentar los problemas y tensiones igual que el corredor de obstáculos. Este contempla la pista llena de obstáculos con el entusiasmo de quien espera saltarlos con precisión y soltura, desplegando toda la flexibilidad de su musculatura.

En síntesis, la referencia diaria a la propia misión, aunque ésta sea opaca, como la luz de un faro envuelto por la niebla, te permite desarrollar las actitudes de *compromiso, control* y *desafío* que van a cambiar tu ser en unión con las otras actitudes requeridas por dicha misión.

2— PENSAMIENTO SERENO

La conciencia de tener una misión permite descubrir, como escenario de la propia vida, un panorama amplio y esperanzador. Su horizonte se extiende mucho más allá de las montañas de dificultades, para perderse en los linderos de lo infinito y eterno. De esta manera las situaciones y experiencias estresantes del diario caminar son reducidas a su verdadera dimensión de obstáculos transitorios, susceptibles de ser saltados o esquivados. Entonces su impacto en el organismo se reduce y la reacción de estrés resulta mucho menor.

Comprendo, sin embargo, que la conciencia de la propia misión como un *medio* para reducir el estrés, reclama el auxilio de otros recursos que, a primera vista, parecen más prácticos y efectivos. De hecho, todavía nos falta considerar otros seis: *pensamiento sereno, sentimiento elegido, comportamiento excelente, descanso efectivo, amor fraterno efectivo, meditación cotidiana.*

Es obvio que en este capítulo nos corresponde ocuparnos del *pensamiento*, es decir, de la capacidad de percibir, conocer, comprender y dar sentido a todo lo que encontramos en el mundo personal y en el mundo externo, sea social o ambiental.

Nuestro modo de *pensar* juega un rol decisivo en la generación de los estados internos o estados de ánimo que conocemos con el nombre de emociones y sentimientos. Si *pensamos* que un comportamiento ajeno o un hecho es injusto, casi seguramente viviremos un estado de rebeldía y enojo. Si pensamos que ese mismo hecho nos resulta pesado y tensionante, probablemente tendremos una reacción de estrés.

En este capítulo vamos a considerar los siguientes temas:

- *Inconscientes pensamientos estresantes*
- *El pensamiento como causa inmediata del estrés*
- *Pensamientos tranquilizantes*
- *No juzguéis y no tendréis estrés*
- *Creencias y reglas tranquilizantes*

1. *Inconscientes pensamientos estresantes*

La cultura propia de la creciente globalización de nuestra época ha generalizado, sin proponérselo, formas de pensar que, de ordinario, generan la reacción de estrés, y se infiltran en el corazón humano.

Este hecho es verificable en distintas áreas de la existencia humana contemporánea. Me refiero, de manera particular, al mundo del trabajo, al ámbito familiar, a la estructura social y a la esfera espiritual.

El estrés de la excelencia en el trabajo

El mundo del trabajo en nuestra época, como nos recuerda el psiquiatra francés Patrick Légeron, impone exigencias capaces de generar estrés. El principio **"cero error"**, que orienta a los cultores de la excelencia, puede detener la respiración de los más flemáticos con sus cinco ceros:

- 0 retrasos
- 0 stock
- 0 accidentes
- 0 defectos
- 0 papeleo

De inmediato podemos comprender, con el reclamo de estos ceros, que el mundo del trabajo exige niveles de perfección dignos del progreso humano y, al mismo tiempo, generadores de pensamientos estresantes. Por ejemplo:

- *Tengo que actuar con toda exactitud.*
- *Si me equivoco, me pueden despedir.*
- *Debo estar atento con los cinco sentidos.*
- *Un error mío traería consecuencias desastrosas.*
- *Hay mucho dinero de por medio en esta decisión.*
- *No hay opción, o eres excelente o pierdes la jugada.*
- *Tengo que superarme a mí mismo para que me promuevan.*
- *No puedo detenerme a descasar.*

Tensiones familiares

Supongo que la vida familiar siempre ha sido y seguirá siendo desafiante. Para algunos, sin embargo, las características de nuestro tiempo parecen agravar los conflictos y problemas familiares.

Son muchos los desafíos que enfrentamos inevitablemente en el seno familiar. Recordemos algunos que, con mayor facilidad despiertan pensamientos angustiantes: enfermedad, accidentes, adicciones –alcohol, comida, drogas, sexo, trabajo...–, conflictos, incomprensiones, resentimientos, divisiones, divorcio, ausencia, soledad, estrechez económica, muerte, etcétera.

Estas y otras dificultades similares originan, como es de suponer, pensamientos como los siguientes:

- *Puede ser un cáncer.*
- *Es una enfermedad incurable.*
- *Mis hijos, como otros chicos, pueden accidentarse al volver de la disco.*
- *Mi marido va a regresar bebido como todos los viernes.*
- *Mi mujer está insoportable.*
- *Mi suegra es una metiche.*
- *Imposible seguir juntos mi mujer y yo.*

- *No tengo dinero para pagar la colegiatura de mis hijos.*
- *Nada puede serme tan doloroso como la muerte de mi marido.*

Presiones sociales

La sociedad de nuestro tiempo nos hace demandas que nos orillan a formular pensamientos inquietantes. Sus tendencias políticas y económicas, sus modas y productos de consumo, quiebra de los valores e injusticia, violencia e inseguridad, idolatría del dinero, del placer y del cuerpo, publicidad consumista y negatividad en las noticias, etcétera, son un terreno propicio para que broten pensamientos angustiantes y generadores de estrés.

En estos días, después del criminal y horrible atentado contra el World Trade Center de Nueva York, la sociedad muestra sus habilidades para generar tensión y ansiedad en los hombres y mujeres de nuestros días.

Mi condición de psicólogo me da la oportunidad de escuchar y atender terapéuticamente a muchas personas. De verdad hay quienes sufren de angustia y estrés porque, ante la tragedia del 11 de septiembre pasado, han elaborado pensamientos capaces de suscitar en su ánimo tales sentimientos negativos. Al contemplar en vivo escenas de dolor, muerte y destrucción, al escuchar las noticias sobre la preparación de la guerra, las amenazas del terrorismo, las armas químicas, la crisis económica, etcétera, la gente fabrica pensamientos estresantes...

- *Los accidentes ocurridos posteriormente en diversos países son obra del terrorismo.*
- *Mi familia y yo podemos ser víctimas de otro atentado.*
- *Las armas químicas pueden ser derramadas en una ciudad con la misma sencillez con que rocían los pesticidas sobre un campo.*

- *Si mi marido y yo vamos a Estados Unidos nos pueden matar por la calle.*
- *Estamos al borde de una tercera guerra mundial.*
- *Ya estamos al final de los tiempos, tal como predice el libro del Apocalipsis.*
- *La actual crisis económica afecta a mi país, mi empresa, mi familia.*
- *Ya no podré terminar de pagar mi casa ni asegurar los estudios de mis hijos.*
- *Existe también el terrorismo de la injusta distribución de la riqueza que mata miles de personas cada día.*
- *Otra vez estoy comiendo en exceso, subiré de peso y me pondré gorda y fea.*
- *Al volver de vacaciones me voy a encontrar con cientos de cartas en mi correo electrónico.*
- *No alcanzo a leer todos los libros y artículos que se escriben sobre mi especialidad.*
- *Este trabajo es urgentísimo. Tengo que terminarlo hoy mismo.*

Angustia espiritual

También trasladados a la esfera espiritual podemos concebir ideas o pensamientos capaces de angustiarnos. De suyo el mundo del Espíritu se revela como una fuente inagotable de paz y serenidad. Con el pensamiento, sin embargo, podemos alejarnos de sus aguas vivas, para caer en el temor, la ansiedad y el estrés.

El recuerdo de culpas pasadas, por ejemplo, puede ser objeto de consideraciones teñidas de culpa y autocondenación. Con este tipo de elaboraciones mentales resulta casi inevitable que hagamos entrar en nuestro ánimo el viento frío de la angustia y el miedo.

También nos descalificamos a nosotros mismos, pensando negativa y destructivamente acerca del propio yo, al ver que no

57

logramos, en pocos meses, toda la perfección espiritual que anhelamos para nosotros mismos. A veces nos imponemos prácticas cotidianas, como la lectura espiritual, la meditación, el rezo de unas plegarias, etcétera. Y cuando no podemos cumplir nuestro propósito por causas ajenas a nuestra decisión, podemos hundirnos en la gélida oscuridad de la angustia.

En pocas palabras: es posible que, trasladados al nivel espiritual, donde encontramos el Océano de la paz, hagamos reflexiones tensionantes que conducen al estrés. Resulta probable, por lo mismo, que lleguemos a sentir la tentación de no acercarnos más al mundo espiritual. El problema no se halla en éste, que de suyo es todo bondad, sino en lo que nos decimos a nosotros mismos acerca de él.

Transcribo ahora algunas frases que he escuchado en labios de personas que me han confesado esta clase de estrés espiritual.

- *Dios me va a castigar por mis pecados.*
- *Lo que me pasa es un castigo de Dios.*
- *Algo malo me va a venir después de este período de felicidad.*
- *Me aterra la muerte, pues Dios me encontrará con las manos vacías.*
- *Si no rezo lo que prometí, no me voy a dormir.*
- *Inútil participar en los actos de culto, pues soy divorciado.*
- *No voy al culto semanal porque las palabras del sacerdote (ministro, rabino...) me tensionan.*
- *El cura (ministro, rabino...) me va a regañar.*
- *Por lo visto yo no nací para santo.*

2. *El pensamiento como causa inmediata del estrés*

Los filósofos *estoicos*, contemporáneos de Jesús, descubrieron que el generador de los *sentimientos* son los *pensamientos*.

Con toda propiedad afirmaban que nosotros *sentimos según pensamos*. Delante del mismo hecho o comportamiento ajeno tú puedes elaborar muy diversos pensamientos. Si estos son enojosos, sentirás enojo; si son entristecedores, tendrás tristeza; si son angustiantes, vivirás la angustia; si son estresantes, experimentarás el estrés.

Albert Ellis ha redescubierto la verdadera y más inmediata causa de los sentimientos, dando origen a la *terapia racional-emotiva* o, como él la llama en fechas más recientes: la *terapia racional-emotiva-conductual.**

PNL ha ampliado y profundizado la comprensión y el uso práctico de esta conexión *pensamiento – sentimiento – comportamiento*. Con otros nombres, esta corriente psicológica muestra la lógica trabazón que existe entre esos tres momentos de nuestra experiencia personal.

Desde la perspectiva de la PNL lo primero es la realidad sea externa que personal. Otras dimensiones de la realidad se vuelven objeto de nuestro conocimiento por medio de los *procesos internos* –**representaciones** (ver, oír, sentir, oler, gustar) y **diálogo interno** (palabras, preguntas, afirmaciones: que usamos para dialogar con nosotros mismos acerca de la realidad interna o externa).

La interpretación que hacemos de la realidad por medio de las representaciones y el diálogo interno determina el *estado interno*. Este se compone de **emociones** y **sentimientos** que son *positivos* –amor, alegría, paz, esperanza, etcétera– o *negativos* –odio, tristeza, depresión, ansiedad, estrés, desesperación, etcétera–, si los pensamientos acerca de la realidad son positivos o negativos.

El *comportamiento* –reír, llorar, caminar, sentarse, comer, hablar, leer, escribir, ver televisión, trabajar, etcétera– se ve teñi-

---

* Este es su último libro: A. Ellis, C. MacLaren, *Rational Emotive Behavior Therapy*, Atascadero, CA, Impact Publishers, 1999.

do e influenciado, de manera inevitable, por nuestro *estado interno*. El estrés, por ejemplo, nos hace trabajar con el rostro y los músculos tensos, apresuradamente, con sentimiento de ansiedad y el pensamiento opacado por las nubes de la preocupación. En resumen, tenemos una equivalencia entre el leguaje de la PNL y de la Terapia Racional-Emotiva-Conductual. He aquí un cuadro que nos permite comprender mejor el funcionamiento de nuestra dimensión psicológica, advirtiendo el papel determinante del *pensamiento* en el *estado interno* de estrés.

TERAPIA RACIONAL-EMOTIVA	PROGRAMACIÓN NEURO-LINGÜÍSTICA
A *Activador*	*Realidad*
B *Base interpretativa*	*Procesos internos* (sensaciones, diálogo interno)
C *Consecuencia emocional*	*Estado interno*
C¹ *Conducta*	*Comportamiento*
D *Disuadirse*	*Cambiar los procesos internos*

Ahora, para fines prácticos, nos interesa la última línea de este cuadro. Cuando se trata de *eliminar el estrés*, teniendo en cuenta que su causa inmediata es el **pensamiento** –B*ase interpretativa* o *procesos internos*– conviene advertir qué imagen o palabras o sensaciones *representamos* internamente y qué nos decimos acerca de aquello en el *diálogo interno.*

Seguramente vamos a descubrir que, para experimentar estrés, *representamos* el problema o contratiempo de gran tamaño –como una montaña enorme–, con mucha luz, cercano, a colores, bien enfocado. Al mismo tiempo nos decimos en el pensamiento: *"Es un problema enorme; no le veo salida. ¿Por qué me tenía que pasar a mí?"*

Ante esta representación del problema y nuestros pensamientos acerca del mismo, que corresponden a la B*ase interpretativa* o que hacemos de él, se impone el *cambio* de la interpretación o de los procesos internos. Se refiere a este cambio la letra "D" que abrevia la palabra D*isuadir* que, en español, significa "convencer a alguien de que desista de cierta cosa". *Disuadirse* respecto a un "pensamiento irracional" equivale a desistir de ese pensamiento o interpretación, buscando formas más constructivas de pensar acerca del mismo problema.

Volvamos al ejemplo propuesto, empleando los recursos que la PNL señala en tu interior. Ante el hecho desafiante, que hasta ahora llamabas *"problema enorme, sin salida"*, eres libre para desistir de semejante descripción o interpretación. Puedes empezar a decirte: *"Tal vez exista alguna salida que no veo todavía. Lo enorme del problema es un desafío para la inteligencia y talentos que Dios me ha dado..."*

Además de disuadirte y cambiar el *diálogo interno*, puedes modificar la *representación* que haces en tu mente acerca del hecho en cuestión. Lo puedes ver como uno más de los innumerables obstáculos que, a partir de tu nacimiento, has ido saltando en la carrera de la vida. Puedes representarlo quebradizo, como si estuviera hecho de paja, que cede con la fuerza del viento producido por tus piernas al saltarlo. Al mismo tiempo escuchas, con voz alta, clara y buen volumen, las palabras de aliento que tus amigos y familiares te lanzan.

3. *Pensamientos tranquilizantes*

Como un corolario de lo dicho anteriormente, se impone con la belleza de una catedral, la siguiente conclusión: *somos libres para pensar pensamientos tranquilizantes respecto a los problemas de la vida.*

Se trata de un aprendizaje. Día con día podemos usar *palabras, preguntas* y *afirmaciones **tranquilizantes*** ante los hechos dolorosos, angustiantes o excesivamente gozosos. De esta manera no sólo dejamos de generar el proceso del estrés, al mismo tiempo suscitamos en nuestro ánimo los sentimientos de paz, serenidad y calma, con la correspondiente distensión orgánica, muscular y neuroquímica.

El *pensar* humano está hecho, en su estructura dinámica y espiritual, de estos componentes:

- *Palabras*
- *Preguntas*
- *Afirmaciones*

Las *palabras* se parecen a los moldes que las señoras utilizan en la cocina para hornear sus pasteles. La pasta preparada con harina, huevos, mantequilla, leche, nueces, azúcar y levadura, se muestra informe y maleable. Tendrá la forma del molde en que sea puesta para introducirla en el horno. Acabará siendo un pastel redondo, cuadrado, rectangular o triangular, dependiendo de la configuración del molde.

La palabra que tú utilizas para nombrar un hecho o situación, una conducta ajena o una sensación interna, tiene un poder extraordinario. Tu palabra, como un molde, informa la realidad que, de suyo, se te ofrece como barro fresco y maleable. Tú le das forma con tu palabra. Si mentalmente llamas "*insoportable*" a una persona, situación o dificultad, entonces esa realidad se transformará, dentro de ti, en una experiencia desagradable y estresante. Por el contrario, cuando piensas en el mismo hecho denominándolo "*oportunidad*" o "*desafío*", experimentarás ánimo y fogosidad sin perder la calma.

Tú eliges. El empleo de palabras *estresantes* o *tranquilizantes* constituye una opción. Eres libre para elegir, en tu mente, unas u otras. Las estresantes te producen tensión, nerviosismo, desgaste, enfermedad.

Las preguntas que te haces, a nivel de diálogo interno, también pueden ser *estresantes* o *tranquilizantes*. Al interrogarte sobre algo, tu cerebro se lanza, sin descanso, a la búsqueda de la respuesta. Pero el cerebro no distingue la clase de pregunta que te haces. Sigue, sin reflexionar, la dirección estresante o tranquilizante impuesta por tu libertad. A un cuestionamiento angustiante, ofrece respuestas angustiantes. A un interrogante tranquilizante, responde en términos tranquilizantes.

Por tanto, tú eres responsable de los pensamientos o *afirmaciones* con que tu cerebro responde a tus preguntas. Si te interrogas: "*¿Por qué tengo que vivir en esta ciudad, soportando un tráfico infernal y frecuentes embotellamientos?*", tu mente va a replicar suscitando en ti pensamientos negativos y estresantes: "*No me queda otra salida. Si quiero trabajo, tengo que seguir aquí*". Con estas afirmaciones casi seguramente te vas a enredar en las madejas de la ansiedad y del estrés. Una úlcera o problemas de hipertensión estarán al asecho de tu salud...

Ante la misma situación puedes plantearte *preguntas tranquilizantes*: "*¿Cómo hago para aprovechar el tiempo que paso en las calles de mi ciudad? ¿Qué alternativas tengo para ahorrarme el tráfico pesado?*" Con estos interrogantes constructivos generas afirmaciones o descubrimientos igualmente positivos. Tal vez te digas mentalmente: "*Aprovecharé este tiempo para escuchar el programa de radio del comentarista X*". "*Voy a seguir el curso de alemán que tengo en cintas*" "*Esta es mi mejor oportunidad para escuchar la música clásica que me gusta*".

4. *No juzguéis y no tendréis estrés*

La frase de este título podía haber sido escrita por el Dr. Mort Orman, que en su libro *The 14 Day Stress Cure* hace una observación: *los pensamientos generadores de estrés contienen en su mayoría, un juicio de valor*. Se trata, pues, de una evaluación o interpretación en que damos un significado negativo a un evento o comportamiento determinado.

El Dr. Orman propone cuatro clases diferentes de juicio que podemos hacer ante un hecho, conducta o circunstancia.

Bueno – Malo = supone la tendencia a evaluar eventos y comportamientos como "buenos" o "malos". Por ejemplo: "Pedir informes en la calle está mal". "Dejar el paso a otros coches es bueno".

Correcto – Incorrecto = consiste en la tendencia a juzgar el comportamiento propio o ajeno como "correcto" o "equivocado". Ejemplos: "Sólo un tonto puede tener su escritorio tan desordenado". "Mi papá debió advertirme este peligro".

Causa – Efecto = significa explicar por qué sucedió algo o puede suceder en la vida, dividiendo los eventos en dos grupos separados: "causas" y "efectos". Ejemplos: "Algo terrible va a suceder –efecto–, si no llego a donde voy –causa". "La gente va a pensar mal de mí –efecto–, si no llego a tiempo –causa".

Mérito – Culpa = la tendencia a atribuir "mérito" o "culpa" a una acción o conducta de los demás. "Por causa tuya, el niño es un flojo –culpa". "El gerente de ventas es el que ha lanzado la empresa al éxito presente –mérito".

Trascender este tipo de juicios, limitándonos a ver los eventos y el comportamiento ajeno como hechos que sólo describimos en base a lo que vemos, oímos y sentimos. De este modo, al hacer a un lado los juicios que la cultura nos ha enseñado a emitir, eliminamos la causa más inmediata del estrés.

5. Creencias y reglas tranquilizantes

Las *creencias* y *las reglas* también ejercen un influjo rector y decisivo en la producción del estrés. Las *creencias* se refieren a las convicciones que nos hacen dar por cierto o aceptar como verdad un determinado enunciado: Por ejemplo, la mayoría de los humanos piensan que un viaje, especialmente un viaje largo en avión resulta estresante.

Las *creencias*, por tanto, nos predisponen para que se desencadene el proceso del estrés cuando enfrentamos las presiones normales y anormales de la vida. Es como el color blanco de un mantel de lino. Si al comer derramamos salsa de tomate, vino tinto, frijoles negros, etcétera, será inevitable que tales manchas cobren relieve en la blancura del mantel. Otro tanto sucede con las *creencias* que establecen en nosotros expectativas favorables al estrés.

Las *creencias* son consideradas hoy día como opciones. Somos libres para conservarlas o eliminarlas. Cuando son *creencias* negativas o generadoras de estrés, podemos optar por cambiarlas. Empezamos suscitando la *duda* acerca de su valor. Luego buscamos otras creencias positivas con que pudiéramos sustituir las negativas. Enseguida, empezamos a actuar *como si* ya no creyéramos en aquello que nos predispone para reaccionar de manera negativa. Al mismo tiempo actuamos *como si* estuviéramos convencidos ya de lo que deseamos creer, por cuanto nos resulta más positivo.

Ahora puedes hacer una lista de *creencias negativas* que, por sus características peculiares, te disponen a reaccionar con estrés frente a las situaciones y personas difíciles.

- *Los embotellamientos me llenan de estrés.*
- *Hablar de problemas me causa tensión.*
- *Enfrentar personas difíciles me resulta estresante.*
- *Encarar las autoridades me pone tenso.*
- *Escuchar quejas me saca de quicio.*
- *Oír hablar de problemas me produce estrés*
- *Un viaje largo me agota.*
- *Oír ruidos, música o voces estridentes me causan estrés.*
-
-
-

Las *reglas* representan una forma de creencias. Constituyen la condición necesaria para que se desencadene una reacción emocional. Por lo general se hallan sumergidas en la oscuridad de la inconsciencia. No somos conscientes de ellas hasta que las evidenciamos por medio de preguntas como:

- *¿Qué tiene que pasarme para que me sienta acogido?*
- *¿Qué tiene que suceder para sentirme agradecido?*
- *¿Qué tiene que pasarme para sentirme feliz?*
- *¿Qué tiene que suceder para sentirme exitoso?*
- *Etcétera.*

La respuesta que tú des a cada una de estas preguntas revela el enunciado de la *regla* que dispara tu reacción emocional. Por ejemplo, puedes responder: *"Yo me siento acogido cuando alguien responde a mi saludo o me presta atención..."* Esta frase contiene la condición necesaria para que tú vivas la emoción correspondiente. Por cierto que se trata de una *regla* fácil de cumplirse. Esto es lo ideal: que tengamos *reglas fáciles* para suscitar emociones o sentimientos positivos. Al mismo tiempo conviene tener *reglas* complicadas y difíciles de alcanzar en lo referente a los sentimientos negativos. Entre estos, por supuesto, se encuentra el estrés.

Si tienes *reglas* muy fáciles de cumplir cuando se trata de sentir estrés, resulta urgente cambiarlas, sustituyéndolas con otras verdaderamente difíciles. Supongamos que te haces la pregunta: *"¿Qué tiene que sucederme para que sienta estrés?"* Y respondes:

- Que algo me salga mal.
- Que alguien me contradiga.
- Que el tráfico sea pesado.
- Que le dé vueltas al mismo asunto en la mente.
- Que alguien se obstine en su opinión.

Estas reglas pueden ser sustituidas por otras más complicadas o difíciles de cumplir. Por ejemplo:

- – Para que yo sienta estrés tiene haber un temblor de más de 8 grados en la escala Richter.
- – Para que sienta estrés tienen que mandarme a la guerra en Afganistán.
- – Para que mi estrés sea grande necesito que me pongan en prisión allá en Siberia.
- – Para que tenga estrés es necesario que llegue el fin del mundo.
- –
- –

Tú puedes completar esta lista y hacer otra parecida en lo referente a sentimientos negativos como: *enojo, odio, resentimiento, tristeza, depresión, ansiedad, nerviosismo, desesperación, desconfianza,* etcétera. De esta manera te aseguras de no padecer emociones negativas por motivos insignificantes o, como dice el refrán, "por quítame aquí estas pajas".

En resumen, la forma mejor y más directa de eliminar el estrés consiste en cortar sus raíces más inmediatas que son los pensamientos. Incluso puedes impedir que juicios, creencias, reglas, afirmaciones, preguntas o palabras estresantes aparezcan en la tierra fecunda de tu mente. Así te ahorras el trabajo de relajarte, desahogarte y serenarte, puesto que te conservas en la paz y en la calma por medio de pensamientos tranquilizantes.

3— SENTIMIENTO ESCOGIDO

El *estrés* puede ser catalogado como un sentimiento. Está emparentado con la ansiedad. Se diferencia de ésta por su cualidad específica que consiste en sensaciones de prisa, presión, preocupación. Se hace acreedor del calificativo *estado interior* debido a su claro componente orgánico, sobre todo por la respuesta química y hormonal que suscita en el cuerpo.

Por tratarse de un estado de ánimo o sentimiento, el estrés se encuentra al alcance de la *libertad emocional*. Esta, como nos recuerda el Dr. Víctor Frankl desde su experiencia de cuatro años en el campo de concentración, consiste en *elegir la actitud o sentimiento con que queremos reaccionar ante una situación que no podemos cambiar.*

Precisamente las situaciones que nos parecen inamovibles, que *no podemos cambiar,* nos inclinan a elaborar pensamientos generadores de estrés. Si de inmediato advirtiéramos la solución de un problema o la salida de una circunstancia amenazante, no produciríamos el binomio *pensamiento–sentimiento* que conduce al estrés.

La libertad interior nos hace advertir las posibilidades emocionales de que disponemos frente al hecho que, por ahora, se muestra inmutable. Podemos elegir la ansiedad o la calma, el enojo o la compasión, la tristeza o la serena alegría, la desesperación o la esperanza...

Para aprovechar la posibilidad de vivir *sentimientos escogidos* vamos a recordar, a continuación, algunos de nuestros recursos.

- *Destino emocional*
- *Elegir los sentimientos*
- *Cambiar los sentimientos*

1. Destino emocional

La misión personal nos permite contar con el faro de un objetivo que nos atrae y nos guía por la vida. También podemos establecer metas que nos permitan lograr lo que deseamos en áreas diversas de nuestra existencia. Soñar en un matrimonio unido por el amor, la comprensión y el respeto, resulta indispensable para lograr un deseo tan legítimo. Otro tanto es fundamental en el mundo laboral, en las relaciones con los demás, en el crecimiento personal, en el desarrollo espiritual, etcétera.

La dimensión afectiva de nuestra personalidad también reclama el establecimiento de un objetivo o *destino emocional*. Así como el capitán de un avión tiene un destino –Londres, Moscú, El Cairo, Buenos Aires, Sydney, Tokio, etcétera–, que lo orienta en su vuelo y le permite llevar a feliz término el propósito de sus pasajeros, también el ser humano requiere una meta emocional.

Si los instrumentos de vuelo se dañaran y el avión perdiera su rumbo, los pasajeros se sentirían perdidos y en peligro de accidentarse en una región montañosa.

Lo mismo vale para nosotros si carecemos de un *destino emocional*. Por no tener un rumbo, somos presa fácil de las circunstancias y de las conductas ajenas. Si nos sentimos amenazados o presionados, caemos en el estrés; si nos critican, nos enojamos; si nos sonríen, nos derretimos; si nos tratan bien, amamos... y así sucesivamente.

Sin destino emocional somos como títeres. Dejamos los hilos del corazón en manos de los demás y de los acontecimientos. Nos parecemos a las hojas secas que se desprenden de los árboles en el otoño. Estamos a merced de las tormentas y los vientos de la vida diaria. Somos llevados y traídos por el vaivén de los caprichos, volubilidad y estados de ánimo de nuestros semejantes.

El **destino emocional** consiste en *elegir dos, tres o más sentimientos que tú quieres vivir preferentemente de cara a las personas o situaciones con las que entres en relación.* Esto no significa que vas a excluir las emociones y sentimientos restantes. Supongamos que escoges como *destino emocional* el *amor*, la *paz* y la *esperanza*. Además de estos sentimientos dominantes, en determinadas circunstancias, te parecerá oportuno vivir otros en forma transitoria. Algún día te hará falta enojarte, igual que Jesús. También puedes decidir llorar y vivir el duelo suscitado por la muerte de un ser querido. Te puedes permitir un cierto nivel de estrés para avivar más tu ingenio. Y así por el estilo.

Para que el *destino emocional* produzca sus frutos es importante reafirmarlo cada mañana, de preferencia en el primer minuto después de despertar. Si eres creyente, puedes cimentar este propósito afectivo en la roca inquebrantable del poder de Dios. Entonces harás una especie de oración brevísima que contenga tu objetivo. Algo así como: *"Señor, ¡quiero mantenerme lleno(a) de amor, paz y esperanza, pase lo que pase!"*

Durante el vuelo de un avión es normal que el capitán instale el piloto automático, para desentenderse de ciertas operaciones rutinarias. Sin embargo, sigue en su asiento para atender las condiciones del vuelo y estar listo para cualquier intervención requerida por las circunstancias.

De igual manera, la persona que persigue un *destino emocional*, no se contenta con haberlo reafirmado por la mañana. A lo largo del día se asegura de seguir el rumbo emocional que se ha propuesto. Tal vez se ayude repitiendo, de cuando en cuando: *"Señor, ¡quiero mantenerme lleno(a) de amor, paz y esperanza, pase lo que pase!"*

Para encarar el estrés con libertad interior parece fundamental que la paz y serenidad se hallen en el corazón de tu *destino emocional*. Es como si optaras por caminar cada día hacia la paz que se encuentra, precisamente, en las antípodas del estrés. Tener un retrato de tu propia persona desbordante de paz y también de amor y de esperanza, resulta decisivo para superar las amenazas constantes del estrés.

Sí, en efecto, para liberarte del estrés importa mucho que tiendas hacia la paz y la calma. Que aún en medio de las mayores presiones o dificultades busques el terreno firme y seguro de la paz. Que desarrolles el hábito de buscar, como uno de tus sentimientos fundamentales, la serenidad. Que te entrenes en vivir este sentimiento hasta que se convierta para ti en una actitud, en un modo de ser.

Un místico cristiano, san Juan de la Cruz, nos recuerda que esta actitud de paz o tranquilidad constituye el clima interior necesario para el desarrollo espiritual. Está claro que el creyente no busca la serenidad para encerrarse en una cápsula de bienestar egoísta. No, de ninguna manera. Las personas realmente espirituales buscan la paz para mejor practicar el amor al prójimo y a Dios. Por ello, san Juan de la Cruz nos advierte:

> "No es voluntad de Dios que el alma se turbe de nada ni que padezca trabajos; que, si los padece en los adversos casos del mundo, es por la flaqueza de su virtud, porque el alma del perfecto se goza en lo que se pena la imperfecta" (*Dichos de luz y amor,* 56).
>
> "Y así, aunque todo se acabe y se hunda y todas las cosas sucedan al revés y adversas, vano es el turbarse, pues, por eso, antes se dañan más que se remedian. Y llevarlo todo con igualdad tranquila y pacífica, no sólo aprovecha al alma para muchos bienes, sino también para que en esas mismas adversidades se acierte mejor a juzgar de ellas y ponerles remedio conveniente" (3 *Subida del Monte Carmelo* 6,3).

2. Elegir los sentimientos

Bajo el influjo rector y dinámico de tu *destino emocional,* ejercitas tu libertad para elegir. Escoges los sentimientos que tú quieres suscitar como clima afectivo de tu vida diaria. Este despliegue de tu libertad incluye también la posibilidad de elegir tus sentimientos a cada momento de tu jornada diaria.

Doy por supuesto que los sentimientos son como los colores que alegran y revisten de hermosura a la naturaleza. Sin los colores ésta aparecería gris, opaca, como muerta. También nosotros nos convertimos en cadáveres deambulantes, si carecemos de sentimientos. Para sentirnos vivos necesitamos la policromía afectiva de las emociones y sentimientos.

Elegir tu respuesta emocional de cara a la realidad ambiental, social o personal no significa hacer a un lado tus sentimientos. Sólo quiere decir que, a impulsos de tu libertad, tu decides los colores con que quieres revestir tu experiencia.

En lugar de abandonarte en manos de las circunstancias o de las actitudes ajenas, decides como persona, con cuáles sentimientos quieres vibrar y orquestar el ritmo vital de la naturaleza y de la sociedad.

En otras palabras, el desarrollo de tu libertad interior te capacita para ser efectivamente libre. Cuando sólo reaccionas emocionalmente frente a las personas y situaciones que encuentras en la vida diaria, no usas tu libertad. Renuncias a tu dignidad de persona. Te abandonas, como un títere o marioneta, en manos de los demás.

Reaccionar significa cero uso de tu libertad. *Elegir* los sentimientos con que quieres vivir tus relaciones con la gente y el mundo implica el despliegue efectivo de tu libertad, tal como nos recuerda Gregory Bateson.

Te propongo un solo ejercicio para que te entrenes en el arte de *elegir tus sentimientos*. Incluye varias etapas. He aquí en qué consiste la *primera* de éstas:

1) *Preguntarse, antes de iniciar tus actividades diarias*: **¿con cuál sentimiento quiero vivir...?** (mi despertar, el ducharme, desayunar, viajar a mi trabajo, trabajar, encontrar a mis colegas, etcétera).

2) *Elegir el sentimiento con que quieres realizar esa actividad*: **entusiasmo, creatividad, esperanza, alegría, paz, amor**...

3) *Suscitar en tu ánimo el sentimiento elegido, usando dos recursos*: 1- **recordar un momento en que has experimentado el sentimiento deseado**, 2- **revivirlo con ayuda de la memoria y adoptando la expresión facial correspondiente** (hacer cara de entusiasmo, creatividad, esperanza, paz...).

La *segunda etapa* de este ejercicio se refiere a la experiencia de haber *reaccionado*, sin hacer uso de tu libertad, frente a una situación o persona difícil. En el momento en que adviertes que estás viviendo un sentimiento que no has elegido libremente, puedes usar los tres pasos anteriores, que corresponden a la primera etapa.

La *tercera etapa*, la puedes ejecutar antes de dormirte, en el último minuto antes de abandonarte en manos del sueño. En esos instantes represéntate, como si tuvieras un sueño, las situaciones más difíciles y estresantes que puedas imaginar. Visualízate con los rasgos y sensaciones corporales de quien se pregunta: **¿Con cuál sentimiento quiero enfrentar a esta persona o situación?** Luego imagina que sigues los otros dos pasos de **escoger un sentimiento**, y de **revivirlo** con técnicas similares a las ya mencionadas poco antes.

Por este camino te vuelves libre para escoger la paz y la calma ante conductas y circunstancias estresantes. En cambio, si careces de la libertad interior, seguirás siendo víctima de lo que otros hagan o dejen de hacer, de lo que suceda o no suceda a tu alrededor.

3. Cambio de sentimientos

Voy a subrayar ahora lo que acabo de sugerir en el penúltimo párrafo. Es de esperar que tú y yo y muchos otros tengamos sentimientos no deseados. No obstante la información sobre los pensamientos como causa inmediata de los sentimientos y a pesar de tener un destino emocional y la decisión de elegir el estado interno deseado, podemos caer en el enojo, el miedo, el estrés, la ansiedad, la tristeza, la desesperanza, etcétera.

Sí, así es: en medio de las presiones de la vida nos despistamos y elaboramos pensamientos generadores de estrés y de otras emociones negativas. Entonces no nos queda más remedio que reconocer el sentimiento que estamos viviendo y buscar luego la forma de cambiarlo.

Es suficiente, algunas veces, con **reconocer** lo que sentimos para que baje la marea emocional producida por un estado de ánimo. Sucede también que sólo con **pensar en el sentimiento que deseamos en lugar del que vivimos** produce el cambio. Otras veces con sólo **cambiar la cara** disipamos el sentimiento negativo e inducimos el positivo que deseamos. En fin, el uso de las **técnicas de PNL** mencionadas en éste y en otros libros nos capacita para cambiar nuestro estado afectivo.

Es cierto también que, en ciertas ocasiones, hace falta **expresar a otra persona** la emoción que llamea en el alma para que se apague y desaparezca. En algunos casos es necesario acudir a un psicoterapeuta para que nos ayude con técnicas más especializadas.

4. *El círculo de la paz*

Una de las mejores técnicas que PNL nos propone para inducir el estado de ánimo deseado consiste en fabricarse un **ancla de paz**. Aclaro que *ancla*, en el contexto de Programación Neuro-Lingüística es lo mismo que lo que conocemos con el nombre de "reflejo condicionado".

Oír una pieza musical y sentirnos transportados a un estado de júbilo, significa que esa melodía constituye un *ancla positiva* para nosotros. Por el contrario, si vemos una persona o llegamos a un determinado lugar y nos sentimos tensos y angustiados, está claro que ese sitio o tal persona representa un *ancla negativa*.

Las luces del semáforo son *anclas*. Aunque el conductor esté embebido en sus pensamientos o se haya embarcado en una conversación importante con su compañero, apenas ve la luz roja, realiza un conjunto de movimientos automáticos para detener su vehículo en el lugar adecuado.

PNL habla de *anclas* porque, gracias a la libertad, los humanos podemos intervenir en nuestros condicionamientos. Somos capaces de modificarlos, eliminarlos o instalarlos de acuerdo a nuestra decisión.

Para *instalar un ancla nueva*, como puede ser el **círculo de la paz** con que eliminamos el estrés, se siguen cuatro pasos. Antes de emprenderlos puedes preparar un signo sensorial que vas a utilizar como *ancla*. Puede ser una imagen visual, un sonido o melodía, un movimiento de los pies o de las manos, una sensación corporal, un olor específico, un sabor especial.

Para crear tu **círculo de paz**, imagina un *círculo blanco* a tu lado derecho, a pocos centímetros de tus pies. Vas a colocar tus pies en este *círculo* en el momento en que estés experimentando sensaciones corporales de calma y un sentimiento claro de paz y serenidad. Este será el tercero de los cuatro pasos para crear un *ancla*:

1) *Suscitar el estado emocional deseado.*

2) *Culmen y pureza de dicho estado.*

3) *Aplicar el ancla o señal sensorial.*

4) *Repetir el proceso.*

1) Para *suscitar el estado emocional de paz* –como un oasis donde podrás eliminar el estrés– recuerda un momento concreto de tu vida en el que viviste la serenidad. Vuelve a mirar lo que estabas viendo a tu alrededor en esos instantes. Escucha lo que se podía oír allí mismo. Déjate inundar de

nuevo por la sensación de calma y el sentimiento de tranquilidad y de paz.

2) Para provocar el *culmen y pureza del estado de paz*, deja a un lado cualquier sensación de tensión y todo sentimiento ajeno a la paz. Luego, para intensificar la *paz* y llevarla al *culmen* de su cualidad tranquilizante, afloja tu respiración. Respira profundamente. Invoca al Señor, si eres creyente, y acoge su paz. Pon una cara de perfecta serenidad y haz cuanto puedas para intensificarla.

3) Si estás sintiendo tus músculos relajados con una sensación general de calma y un sentimiento de paz, entonces ha llegado el momento de *aplicar el ancla*. Esto consiste en introducir tus pies en el imaginario *círculo blanco* que se halla pocos centímetros a tu derecha.

4) En adelante, para que tu **círculo de paz** se vuelva más efectivo, *repite el proceso* cada vez que te sea posible. Si caminando por el campo te tranquilizas y sientes la calma y la paz, aprovecha la ocasión. Detén tu camino y date tiempo para entrar en tu *círculo blanco*. Este, por cierto, se halla siempre a tu derecha en todas partes del mundo.

Termino este capítulo con una observación: cuanto más nos entrenamos en la libertad emocional, mediante el uso de una u otra técnica, tanto más fácilmente evitamos el estrés o nos liberamos de él, si hemos caído en sus manos.

4— COMPORTAMIENTO EXCELENTE

Aunque la cultura de la excelencia puede ser ocasión de estrés con sus exigencias de perfección, hemos de reconocer que la voluntad de hacer bien las cosas da tranquilidad o lo que Eric Erikson denomina el *sentimiento de integridad*. Cuando vivimos con excelencia, realizando nuestra misión, amando a nuestro prójimo, cumpliendo con eficiencia nuestro trabajo, siendo creativos, entonces podemos vivir y morir en paz.

El místico y poeta Rabindranath Tagore ha sabido expresar muy bien el sentimiento de integridad que se deriva de un comportamiento excelente en la vida. En su libro *Ofrenda lírica* nos ofrece este bello trozo poético:

"Fui invitado a la fiesta de este mundo,
   y así mi vida fue bendita. Mis ojos han visto,
   y oyeron mis oídos.
Mi parte en la fiesta fue tocar este instrumento;
   y he hecho lo que pude.
Y ahora te pregunto: ¿no es tiempo todavía
   de que yo pueda entrar, y ver tu cara, y ofrecerte
   mi saludo silencioso?"

Cuando vivimos con excelencia saboreamos el sentimiento de integridad que nos hace ver la vida como una fiesta. Gozamos viendo las cosas bellas que nos rodean y escuchando las voces de los niños, la risa de los amigos, las palabras cálidas de los seres queridos, la música y el canto, el trino de los pájaros y el silbo de los aires...

En el presente capítulo vamos a considerar sólo algunos aspectos del *comportamiento excelente*. Me reservo los demás para los capítulos posteriores. Estos son los que te propongo por ahora:

1. *Opción por la excelencia*
2. *Estilo de vida saludable*
3. *Comer sin estrés*
4. *Tranquilidad al cumplir los propios deberes*

1. *Opción por la excelencia*

Ortega y Gasset, en su libro *La rebelión de las masas*, distingue entre la persona *vulgar* y la *excelente*. Afirma que el *hombre excelente* es "el que se exige más que los demás, aunque no logre cumplir en su persona esas exigencias superiores. Y es indudable que la división más radical que cabe hacer en la humanidad es en dos clases de criaturas: las que se exigen mucho y acumulan sobre sí mismas dificultades y deberes, y las que no se exigen nada especial, sino que para ellas vivir es ser en cada instante lo que ya son, sin esfuerzo de perfección sobre sí mismas, boyas que van a la deriva".[*]

El autor de estos conceptos señala, un poco en la línea de lo que hemos considerado acerca de la misión personal, que a la persona excelente "no le sabe la vida si no la hace consistir en servicio a algo trascendente. Por eso no estima como una opresión la necesidad de servir. Cuando ésta, por azar, le falta, siente desasosiego e inventa nuevas normas más difíciles, más exigentes..."

Semejante observación va de la mano con la investigación de Kobasa que ya antes he presentado. Todo parece indicar que

---

[*] En otra página afirma que "el hombre selecto o excelente está constituido por una íntima necesidad de apelar de sí mismo a una norma más allá de él, superior a él, a cuyo servicio libremente se pone. Recuérdese que, al comienzo, distinguíamos al hombre excelente del hombre vulgar diciendo: que aquél es el que se exige mucho a sí mismo, y éste, el que no se exige nada, sino que se contenta con lo que es y está encantado consigo": J. Ortega y Gasset, *La rebelión de las masas*, Madrid, Revista de Occidente, 1995, p. 89.

la falta de *compromiso* con una meta elevada o con algo trascendente genera estrés o *desasosiego* en quienes viven con excelencia.

Este hecho nos permite abordar un aspecto del estrés que los especialistas suelen ignorar. Tú y yo y todos los seres humanos necesitamos servir a una causa elevada, como puede ser la propia misión en el mundo, para encarar los problemas y dificultades como simples obstáculos en esta carrera estupenda y exigente que llamamos *vida.*

2. Un estilo de vida saludable

Parece normal que la persona excelente tenga un comportamiento habitual que merece el nombre. Guarda sus excesos para servir algo trascendente y valioso, como puede ser la justicia, la paz, la educación, la salud pública, la empresa para la que trabaja, la familia, la religión, etcétera. Por esta razón tiende a eliminar en su vida los abusos de una vida desordenada. Disfruta su existencia dentro de las coordenadas de lo que conocemos como un estilo de vida saludable.

Como ejemplo menciono algunos rasgos que los investigadores médicos han encontrado en personas longevas. El Dr. Chopra cita el libro de Maurice Ernest, *The Longer Life* que nos ofrece los resultados de una investigación realizada entre personas centenarias pertenecientes a culturas diferentes. Tales sujetos demuestran lo saludable de su estilo de vida con su longevidad. He aquí algunas de sus características:

- Comer frugalmente.
- Hacer ejercicio y respirar aire fresco en abundancia.
- Elegir un trabajo compatible con la propia personalidad.
- Formarse una personalidad amable.
- Mantener un alto nivel de higiene personal.

- Beber agua y líquidos en abundancia.
- Evitar sustancias estimulantes y tranquilizantes.
- Descansar suficientemente.
- Tener al menos una evacuación diaria del estómago.
- Vivir en un clima moderado.
- Disfrutar una vida sexual razonable.
- Recibir atención médica apropiada en caso de enfermedad.

Reproduzco a continuación otro perfil de un estilo saludable de vida. Puede darnos una idea de lo que significa tener una existencia que, de modo sistemático, excluye en gran medida el estrés.

- Matrimonio feliz (o una relación satisfactoria y duradera).
- Satisfacción en el trabajo.
- Sentimiento de felicidad personal.
- Habilidad para reír con facilidad.
- Vida sexual satisfactoria.
- Habilidad para hacer amigos y conservarlos con facilidad.
- Una rutina diaria regular.
- Una rutina laboral regular.
- Tomar al menos una semana de vacaciones al año.
- Sentir el control de la propia vida.
- Tiempo para diversión placentera, hobbies satisfactorios.
- Habilidad para expresar los sentimientos con espontaneidad.
- Optimismo respecto al futuro.
- Seguridad financiera, disponer de medios suficientes.

3. Comer sin estrés

Quisiera enfatizar uno de los rasgos del estilo de vida saludable: *comer frugalmente*. El estrés sabe presentarse a la hora de comer, no sólo por el modo en que comemos, sino también por aquello que comemos. Podemos consumir alimentos que son altamente *estresantes* para nuestro organismo. También podemos caer en el estrés al comer contrarreloj, o hablando de negocios y problemas, o viendo y escuchando las noticias, etcétera.

Algunos alimentos generan estrés por diversas razones. Menciono algunas de las que la literatura médica nos señala:

- Carnes rojas que, de ordinario, abundan en bacterias.
- Alimentos ricos en grasas e ingeridos en exceso: quesos, mantequilla, nueces, aceitunas...
- Grasa animal o vegetal frita. Con el fuego se vuelve tóxica para el ser humano.
- Picantes consumidos en exceso: chile, ajo, pimienta, cebolla...
- Azúcares refinados –miel, azúcar de caña o de remolacha, frutas sin fibra (papaya, plátanos...)– que el organismo asimila violentamente.
- Alcohol excesivo.
- Alimentos que son tóxicos para la persona y son consumidos en abundancia.*

Las comilonas que podemos darnos en los días de fiesta resultan estresantes para nuestro organismo. Este se ve obligado a realizar un esfuerzo adicional para eliminar la excesiva cantidad de alimentos ingeridos, así como las toxinas que abundan en ciertos alimentos como las carnes rojas. Al mismo tiempo, para

---

* Aludo en este punto a lo que en Europa se llama "intolerancia" a ciertos alimentos, una especie de alergia que, en realidad revela que ciertos alimentos son tóxicos para cada ser humano. Hablo del tema en mi libro sobre la Terapia del Campo Mental: L. J. González, *Terapia del estrés, fobias y adicciones*, México, Ediciones del Teresianum, 2001, pp.147-151.

bajar los niveles los altos niveles de azúcar aportada por el pan, fruta, alcohol, pasteles, helados y otros alimentos, el páncreas tiene que fatigarse con una agotadora producción de insulina.

La ingestión de toxinas o de alimentos contaminados con bacterias como las carnes, en especial las carnes rojas, resulta estresante en particular para el sistema inmunológico. Este equipo de células y sustancias encargadas de proteger nuestra salud, se ve obligado a realizar un trabajo extenuante. Se debilita y entonces pueden desarrollarse en nuestro cuerpo diversas clases de infección.

Consciente de este proceso, el Dr. Jon D. Kaiser procura una alimentación muy escogida para los enfermos de SIDA que atiende. Precisamente porque estos pacientes tienen un sistema inmunológico debilitado, el Dr. Kaiser los anima a nutrirse en forma adecuada: abundantes verduras, granos integrales, fruta fresca, leguminosas, nueces... En cambio limita el consumo de azúcares y excluye la cafeína, el alcohol, las carnes rojas.

Una alimentación saludable no se limita a reducir la ingestión de alimentos estresantes. Se preocupa, sobre todo, de ofrecer todos los nutrientes necesarios para vivir, trabajar y conservar la salud. Aludo, en forma breve, a algunos grupos de alimentos y los nutrientes que conllevan. Así tendrás unas pautas que pueden orientar tu elección a la hora de comer.

FITONUTRIENTES. Se hallan presentes en los vegetales. Son capaces de retrasar el proceso de envejecimiento.

Antocianes: pigmentos con propiedades antioxidante y antiinflmatoria (té negro y verde, uva negra, vino tinto, bayas.

Flavonoides: son sustancias antioxidantes que se hallan en la manzana, lechuga, cebolla, pimientos, alcachofa, té, tomate, vino, cítricos.

Carotenoides: pigmentos antioxidantes presentes en zanahorias, tomates, melones, albaricoques, berros, ensalada verde.

Compuestos sulfurosos: brócoli, coles, mostaza, nabos, berros, rábanos, ajos, cebollas, chalotes con propiedades antioxidantes, que ayudan a prevenir ciertas clases de cáncer.

Fitosteroles: naturalmente presentes en los aceites de maíz, semillas de uva, de soya, girasol, ayudan a bajar el colesterol "malo".

Isoflavonoides: permiten reducir los lípidos sanguíneos y disminuyen el riesgo de ciertos tipos de cáncer. Los encontramos en productos derivados de la soya (harina, "leche", proteína de soya).

ÁCIDOS GRASOS. Se recomienda especialmente el consumo de tres grandes familias. Son las siguientes:

Ácido alfa-linoléico y *omega-3*: dan fluidez a la sangre y protegen contra las enfermedades cardiovasculares. Se les encuentra en los pescados grasos de los mares fríos (salmón...), las nueces, granos de soya y linaza, germen de trigo.

Ácido linoléico y omega-6: rebajan los lípidos sanguíneos y previenen las enfermedades cardiovasculares. Provienen de los aceites vegetales (girasol, nuez, maíz, soya...) y de las nueces, la grasa de ciertos animales como el pato.

Ácidos grasos mono-insaturados: necesarios para el equilibrio de los ácidos grasos. Se hallan en el aceite de oliva, los cacahuates, almendras, olivas, aguacates.

VITAMINAS PROTECTORAS. Se recomienda abundar en el consumo diario de alimentos que las contengan.

Vitamina C: antioxidante que abunda en los cítricos, kiwis, fresas, grosellas, coles, pimientos, perejil.

Vitamina E: antioxidante que se halla en los aceites vegetales (girasol, maíz, pepitas de uva), almendras, avellanas y legumbres verdes.

Vitamina B9: protege contra las enfermedades cardiovasculares. Está presente en el hígado, levadura, espinacas, berros, coles, germen de trigo.

Vitamina A: antioxidante suministrado por el hígado, yema de huevo, mantequilla y quesos.

Provitamina A (o Beta-caroteno), que se transforma en vitamina A dentro del organismo y posee un efecto protector. Se encuentra en las zanahorias, albaricoques, mangos, melones, pimienta roja y en las legumbres verdes.

OTRAS SUSTANCIAS que refuerzan las defensas del organismo. Hay que tener presentes tres grupos.

Probióticos: bacterias vivas que tienen efectos benéficos, se las encuentra en el yogurt, leche fermentada, kéfir.

Prebióticos: actúan en la flora intestinal y promueven el desarrollo de los probióticos. Son fibras y glúcidos presentes en las cebollas, alcachofas, espárragos. Son agregados a ciertas clases de leche, yoghurt, dulces.

Elementos simples: intervienen en los procesos antioxidantes que combaten los radicales libres. Es el caso del selenio, zinc y manganeso que abundan en los mariscos, cereales integrales, germen de trigo, levadura, avellanas y leguminosas.

Para terminar lo referente a la comida sólo me queda insistir en algunos aspectos del comer con tranquilidad:

- *Dar gracias a Dios por la comida, si somos creyentes.*
- *Sentarse a comer.*
- *Evitar otras actividades* (leer el periódico, hacer negocios, tratar asuntos desagradables).
- *Preferir alimentos saludables y variados.*
- *Saborear y disfrutar lo que comemos.*
- *Comer despacio y masticar suficientemente la comida.*
- *Tener sentimientos de afecto para los comensales.*
- *Tratar asuntos positivos y alegres en cuanto sea posible.*

4. Tranquilidad al cumplir los propios deberes

El cumplimiento de la *misión personal* y de los *deberes* que corresponden a nuestra profesión, estado de vida y condición humana constituye una fuente perenne de *tranquilidad* y de *paz*. Representa un medio concreto para eliminar el estrés de nuestra vida.

Digamos que una mujer siente que su *misión* consiste en conservar o reconstruir la unidad entre las personas que encuentra en su diario vivir. Su *profesión* consiste en ser maestra de escuela. Su estado de vida se especifica por los roles de esposa y de madre, sin excluir otros: hija, hermana, amiga, creyente, ciudadana... También se reconoce como una persona que, por su *condición humana*, se inclina a hacer el bien y evitar el mal.

Pues bien, el cumplimiento de los *deberes* que se derivan de todos esos aspectos de la identidad de esa mujer, sin lugar a dudas, genera los sentimientos de paz e integridad que Tagore ha sabido describir en el párrafo ya citado: *Mi parte en la fiesta fue tocar este instrumento* (la propia personalidad); *y he hecho lo que pude...*

Una vida honesta y recta, como naturalmente exige nuestra condición humana, conduce naturalmente a la práctica del bien y a la evitación del mal. Un comportamiento que se apega a estas normas naturales suscita la deseada tranquilidad y aleja de nosotros el estrés y sus secuelas patológicas.

En otras palabras, los remordimientos de conciencia por haber hecho el mal son como un manantial de tensión y estrés. Mientras esté vivo el sentimiento de culpa nuestro ánimo se siente presionado por ella, como si fuera una gran carga que pesa sobre nuestras espaldas.

Por el contrario, la conciencia tranquila se refleja en un estado de ánimo sereno y pacífico. La realización del bien y de todo el bien que podemos hacer se traduce en sensaciones de bienestar y en sentimientos de paz.

5— DESCANSO EFECTIVO

La tendencia al descanso es natural. Nuestro organismo lo reclama espontáneamente. Entra en acción cuando no hacemos caso de sus demandas. Hace que, por medio del cansancio, caigamos rendidos en manos del sueño. En ocasiones se vale de un resfriado o de otras enfermedades más severas para meternos en cama. Así nos obliga a tener el descanso que nosotros no queremos concedernos.

Algunos autores hablan de un *"estrés bueno"* o de *"niveles normales de estrés"*. Sí, en efecto, es lógico que las distancias, el tráfico, el trabajo, los problemas, los asuntos pendientes, los múltiples reclamos de la sociedad moderna y otros aspectos de la vida eleven los niveles diarios de un estrés que, en definitiva, se confunde con el cansancio.

Sin embargo, está previsto por la naturaleza que los momentos diurnos de descanso y las horas pasadas en cama, durmiendo y soñando, echen fuera la fatiga corporal y la tensión anímica. Así descansamos, nos cargamos de energía y podemos despertar con un corazón agradecido, sereno y optimista. Entonces somos capaces de emprender con entusiasmo las tareas y desafíos de la jornada que comienza.

El equilibrio entre esfuerzo y relajación o entre trabajo y descanso ha sido puesto en manos de nuestra libertad. Somos libres para excedernos en el trabajo o para exagerar en el descanso. Lo ordinario, en esta época tan acelerada, exigente y llena de posibilidades, consiste en descuidar el descanso necesario. Sin pretender dirigirnos al extremo opuesto en que no pocos han caído –padeciendo el estrés de vivir pasivamente como parásitos del prójimo y de la sociedad– podemos responsabilizarnos mejor de la necesidad vital de descansar.

Teniendo como *meta* la habilidad para lograr un **descanso efectivo**, te propongo los puntos que configuran el presente capítulo.

- *Métodos interiores de descanso*
- *Ejercicio y respiración profunda*
- *Pacificación mente-cuerpo*
- *Sueño placentero*
- *Terapia del Campo Mental*

1. *Métodos interiores de descanso*

Con este título, *métodos interiores de descanso,* quiero aludir a recursos para el descanso que ya existen dentro de ti. Los contrapongo al empleo de substancias o actividades ajenas al yo que, además de volvernos dependientes de ellas, dañan la salud física, emocional y espiritual, así como la ejecución del propio trabajo y las relaciones con los demás.

El Dr. Callahan, descubridor de la Terapia del Campo Mental, ha observado que el legítimo deseo de eliminar la ansiedad o el estrés conduce a las *adicciones,* si empleamos medios inadecuados o los usamos en forma inadecuada. El sexo, de suyo, es naturalmente bueno, si lo vivimos dentro de las coordenadas establecidas por el Creador. Otro tanto vale para la comida, el alcohol, el dinero, el trabajo, etcétera. De suyo son sustancias, cosas y actividades de valencia positiva. Son buenas.

Sin embargo, cuando las empleamos para "*sentirnos bien*", esto es, para aliviar el malestar del estrés o de la ansiedad, entonces nos hundimos en una trampa preparada por nosotros mismos. Mientras estamos bajo el efecto de la sustancia o mientras realizamos la actividad en cuestión, nos sentimos aparentemente mejor. Sin embargo, la tensión del estrés o de la fatiga se quedan intactos.

Todo esto, obviamente, sucede entre los velos oscuros de la inconsciencia. El fumador empedernido cree que fuma por puro placer y de ninguna manera para ocultar o encubrir su estrés o ansiedad. Pídele que te entregue todos sus cigarrillos y que regrese a casa sin uno solo. Al día siguiente podrá confesar que todo el cúmulo de su ansiedad, sin la capa del humo que suele recubrirla, aparece avasallador y desquiciante. El sueño le habrá sido imposible y su desasosiego habrá revelado los niveles altísimos de ansiedad que ocultaba tras el humo del cigarrillo.

En lugar del sexo obsesivo, del exceso en el comer, en los juegos de azar, en el alcohol y otros medios autodestructivos, dispones de recursos que, guiados por tu libertad, sí te llevan a un *descanso efectivo*. Te propongo una lista a la que tú puedes añadir instrumentos que, de acuerdo a tu experiencia, sí te ayudan a descansar de manera eficaz y saludable.[4]

- *Acupuntura.*
- *Agradecer lo bueno que tenemos.*
- *Bailar.*
- *Baño de tina.*
- *Cambiar de canal en la mente.*
- *Caminar en la calle, en el parque, en el campo, en la playa....*
- *Dibujar o pintar.*
- *Ducharse con agua caliente.*
- *Ejercicio físico.*
- *Escuchar música.*
- *Escuchar una cinta de relajación.*

---

[4] Alarga esta lista el bestseller de M. Davis, E. Robbins Eshelman, M. McKay, *The Relaxation & Stress Reduction Workbook*, Oakland, CA, New Harbinger Publications, Inc., 2000, pp. 91-97.

- *Leer poesía o un libro interesante.*
- *Masaje.*
- *Meditación* u *oración profunda.*
- *Planear unas vacaciones.*
- *Respiración profunda.*
- *Siesta.*
- *Tocar un instrumento musical.*
- *Yoga* u otros *ejercicios de elasticidad muscular.*
-
-
-

2. Ejercicio y respiración profunda

Algunos médicos sugieren que el ejercicio físico, para que produzca sus efectos saludables, debe prolongarse por lo menos una media hora. A este respecto escribe el Dr. Kaiser:

"*Haga ejercicio por lo menos durante media hora*: Es importante estimular la circulación hacia los órganos internos de tu cuerpo lo más posible. Para lograrlo, el tiempo dedicado al ejercicio físico debe ser por lo menos media hora. Esto da al flujo sanguíneo el tiempo necesario para llegar a los tejidos del bazo, hígado, riñones, ganglios linfáticos y a la médula de los huesos, llevando una corriente de oxígeno fresco y de nutrientes saludables a tales órganos".

Es importante que goces la realización de tu ejercicio para que produzcas más endorfinas, elimines el estrés y reactives la energía de tu organismo. El ejercicio más sencillo que puedes realizar consiste en caminar con energía, procurando respirar con mayor amplitud y profundidad. Algo similar, aunque el hecho de saltar puede lastimar tus rodillas con el paso de los años, consiste en saltar la cuerda. Cierto, lo ideal sería que pudieran nadar una o más veces por semana. La natación constituye, tal vez, la mejor forma de hacer ejercicio.

En la actualidad se van popularizando los gimnasios y centros deportivos donde se llevan a cabo programas muy detallados y precisos –con distintos nombres– que procuran las estimulación de los distintos músculos del organismo.

También hay libros que ofrecen programas completos de ejercicio que puedes realizar por cuenta propia en tu casa. Por ejemplo, de E. J. y S. Blawyn con S. Jones, *Ejercicios energéticos*. Algo similar propongo, con bastante amplitud, en mi libro *El secreto de Gandhi*.

Hoy se insiste en la necesidad de realizar tres clases de ejercicios: *movimiento, elasticidad, resistencia*. Pertenecen a los *primeros* el deporte, la gimnasia, el caminar.

Dan *elasticidad* a los músculos las posturas del yoga y las que el Occidente ha aprendido de los monjes del Dalai Lama. Estos últimos los reproduzco en mi libro *Amor, salud y larga vida*. También propongo las posturas básicas del yoga en el ya mencionado libro sobre Gandhi.

Los ejercicios de *resistencia* se refieren sobre todo al levantamiento de pesas y al uso de ciertos instrumentos de los gimnasios. El estiramiento de bandas o cuerdas elásticas, lo mismo que ciertas clases de trabajo pueden hacer un efecto muscular semejante al que obtienes con las pesas.

Hoy se recomienda no exagerar en el ejercicio físico. Una investigación realizada en Alemania y publicada el año pasado, en 2001, sugiere moderación al respecto, si quieres ser candidato a una vida larga. Al mismo tiempo, evitas el estrés generado por los excesos deportivos.

También en nuestros días está de moda la *gimnasia cerebral* que te permite sincronizar los dos hemisferios del cerebro. De esta manera puedes tener un desempeño intelectual más excelente porque dos cerebros piensan mejor que uno. Tanto más que, con el mayor flujo de sangre y la abundancia mayor de oxígeno dan un rendimiento más completo. Puedes consultar el libro de Luz María Ibarra, *Aprende mejor con Gimnasia Cerebral*.

Te propongo a continuación algunos de los ejercicios que yo hago diariamente. Uno de ellos, el de pararse en la punta de los pies para estirarse, lo inventé yo ilustrado por la *terapia bio-energética*. Por la obra de Luz María Ibarra veo que alguien más ya lo había descubierto en la gimnasia cerebral.

1- **Saltar la cuerda**. En este ejercicio te imaginas estar saltando la cuerda. Haces círculos con los brazos al mismo tiempo que levantas los pies para caer, en forma suave, sobre los talones. Resulta muy importante respirar en abundancia y disfrutar los movimientos que realizas.

2- **Girar la columna vertebral**. Separa los pies unos cuarenta centímetros. Manténlos fijos donde están. Gira tu columna volteando tu pecho hacia atrás, por el lado derecho, lo más que te sea posible. Levanta tus brazos paralelamente a tus orejas e inspira profundamente. Sin inclinar tu columna ni doblar la cabeza, gira a continuación hacia el lado opuesto. Al llegar al punto máximo de rotación baja los brazos y deja salir el aire. Vuelve a comenzar por el lado derecho unas 10 veces. Luego iniciarás los giros desde el lado izquierdo, hasta completar unas 10 veces. Este ejercicio resulta especialmente saludable para la columna.

3- **Estirarse**. Con los pies separados, para tener mayor estabilidad, levanta los talones, alza los brazos y extiende los dedos de las manos. Luego voltea la cabeza hacia la espalda, lo más posible y viendo un punto en el techo para mantener el equilibrio. Respira profundamente. Retén el aire en los pulmones e imagina que el aire recoge las sensaciones molestas que hay en tu cuerpo y los sentimientos negativos. Después de un minuto echa fuera esas sensaciones o sentimientos juntamente con el aire. Al mismo tiempo emite un grito o quejido de alivio, mientras bajas los brazos y colocas los talones en el piso.

4- **Estimulación muscular**. Este ejercicio lo puedes hacer sentado. Apoya tus talones en el piso y levanta la punta de los pies hacia tus rodillas. Estas se mantienen unidas. Intenta juntar tus glúteos para que hagas presión en los intestinos y en la región anal. Respira profundamente, retén el aire y, pasado un minuto, exhala y relaja las partes del cuerpo que habías sometido a tensión.

Ahora hunde el estómago, lo más que puedas, y levantando los hombros, trata de acercarlos. Respira profundamente, retén el aire en los pulmones. Pasado un minuto, exhala y suelta la tensión de los hombros y del estómago.

Esta vez aprieta los puños, frunce el entrecejo cerrando los ojos, apoya la lengua contra el paladar superior y respira profundamente. Retén el aire un minuto y luego exhala soltando la tensión de las manos, frente, ojos y lengua.

5- **Bicicleta**. Acostado, levanta la piernas y haz círculos con ellas como si pedalearas en una bicicleta. Cuida que tu respiración sea abundante. Descansa un momento y disfruta los efectos benéficos del ejercicio. Después, manteniendo la espalda sobre el piso, levanta alternativamente una y otra piernas. Sigue respirando en forma abundante. Descansa un momento. Luego haz tijeras con las piernas: crúzalas y extiéndelas hacia los lados. Respira con amplitud. Exhala y descansa, gozando las sensaciones placenteras generadas por el ejercicio.

6- **Estimulación del sistema inmunológico**. Así como el estrés afecta negativamente nuestro sistema inmune, los ejercicios anteriores lo benefician profundamente. Además, en el contexto de la *kinesiología*, existen ciertos métodos para estimularlo y mantenerlo activo, poderoso y equilibrado.

a- El primero de estos métodos consiste en repiquetear con la yema de los dedos sobre la glándula *timo*. Esta glándula se encuentra en la parte alta del pecho, unos tres o cuatro centímetros bajo el hueco que tenemos en la base del cuello. Allí podemos golpetear durante uno o dos minutos, dialogando mentalmente con los glóbulos blancos animándolos a multiplicarse, organizarse y distinguir con exactitud las células del propio cuerpo y las amenazas externas: bacterias, virus, parásitos, hongos...

b- Otro medio para estimular el sistema inmunológico, recomendado por el Dr. J. Diamond, *Kinestegiología del comportamiento*, consiste en que el "sujeto ponga la lengua contra el paladar anterior, con la punta un cuarto de pulgada detrás de los dientes incisivos superiores".

c- En general, de acuerdo al mismo médico, es posible promover el buen funcionamiento del sistema inmunológico tomando las siguientes medidas:

- Mantener un nivel bajo de estrés.
- Conservar la columna recta en todas circunstancias.
- Cultivar emociones positivas: *amor, alegría, paz, esperanza...*
- Vivir en un medio ambiente saludable.
- Convivir con personas positivas.
- Tener una alimentación natural y balanceada.

Respiración profunda. Antes que nada conviene observar que, con frecuencia, dejamos de respirar en forma normal cuando enfrentamos una situación nueva, una persona difícil, un pensamiento generador de estrés. En estos casos ya es mucho que aflojemos los músculos del pecho y que nos permitamos respirar normalmente.

Resulta mejor que tres veces al día hagamos unas 10 *respiraciones profundas*. Estas pueden seguir la siguiente proporción de tiempo, con determinados segundos en cada una de sus fases:

Inspirar	1
Retener	4
Exhalar	2
Vaciar	1

Resulta obvio que *inspirar* sólo un segundo es muy poco. Entonces conviene multiplicar cada uno de los números indicados por otro que afecte por igual a los demás. En tal caso tenemos esta proporción:

Inspirar	1 x 3 =	3
Retener	4 x 3 =	12
Exhalar	2 x 3 =	6
Vaciar	1 x 3 =	3

Podrás aumentar el número por el que multiplicas los segundos de cada fase después de una o dos semanas de practicar la proporción ahora propuesta. Conviene que seas cauto y lento en el aumento del tiempo dedicado a cada fase, para evitar sensaciones de vértigo u otras reacciones.

3. *Pacificación mente-cuerpo*

Existen diversas formas para inducir la quietud y tranquilidad en el cuerpo y en el ánimo. Me limito a recordar algunas formas sencillas. Subrayo de paso que la *meditación* u *oración profunda* constituye uno de los métodos más poderosos para inducir la serenidad en la mente y en el cuerpo.

1- Sentir la atracción de la tierra. Para suscitar la serenidad en tu persona total puedes seguir estos pasos:

- *Sentarse con la columna cómodamente derecha.*
- *Apoyar los pies en el piso.*
- *Sentir conscientemente la atracción de la tierra en tus pies. Puedes levantarlos y luego soltarlos, de forma que experimentes con mayor claridad el efecto del campo gravitacional que produce la pesantez de tu cuerpo.*
- *Tomar conciencia de las sensaciones de agradable pesantez proveniente de la gravedad: en las piernas, muslos, glúteos, pelvis, vientre, pecho, espalda, hombros, brazos, manos, cuello, nuca, piel cabelluda, frente, cejas, ojos, mejillas, maxilar inferior –* puedes separar la dentadura de modo que sólo los labios se entretoquen levemente– *la lengua, dejándola caer en el paladar inferior.*
- *Poner cara de tranquilidad, la más serena y relajada que te sea posible.*

2- **Revivir una experiencia de serenidad.** Para este propósito se puede seguir el procedimiento siguiente:

- *Sentarse o acostarse cómodamente.*
- *Aflojar los músculos del pecho y respirar normalmente.*
- *Recordar una experiencia concreta de paz y serenidad.*
- *Remontarse al lugar donde se vivió tal experiencia, para ver lo que allí se podía ver en ese momento.*
- *Escuchar el silencio, sonidos, música, voces que estaban presentes durante esa experiencia.*
- *Revivir las sensaciones de calma y serenidad que resonaban en el cuerpo al unísono con una respiración relajada y más abundante.*

4. *Sueño placentero*

Todos sabemos por experiencia que la noche, con la oportunidad de recostarnos en la cama y de dormir durante algunas horas, nos ofrece una ocasión estupenda para descansar y liberarnos del estrés.

Conviene precisar, desde ahora, un *principio fundamental*: vamos a la cama por la noche no tanto para dormir, sino para descansar. Sí, así es: *nos acostamos con el fin de descansar, relajarnos y renovar la energía personal.*

Este principio resulta muy importante para los que sufren de insomnio. Sabemos que el hecho de dormirse consiste, sobre todo, en un acto de concentración: *nos concentramos en soltarnos en manos del sueño, dejando de lado nuestros afanes e inquietudes.*

Si alguien se preocupa por dormir, está distraído. Lejos de concentrarse en el proceso de soltarse y abandonarse en manos del sueño, ocupa su atención en su deseo de dormir. De este modo impide el proceso natural de la dormición. En efecto, como suele decirse, el sueño es como las palomas de nuestras plazas: si lo quieres coger, vuela.

Algo similar nos ocurre cuando, acostados, empezamos a darle vuelta a nuestros pendientes y problemas. Así nos distraemos y nos alejamos del proceso de concentrarse en las sensaciones de soltura, relajación y abandono que nos permite dormirnos.

También es fundamental lo que nos recuerda Eric Maisel en su libro *Sleep Thinking* la utilidad de *"quedarse dormido con una ilusión y no con una preocupación.* Cuando tú vas a la cama preocupado, invitas a la ansiedad a tus sueños –o incluso pesadillas– más que a un sueño mentalmente productivo..."

El Dr. Chopra, en *Restful Sleep*, nos ofrece las siguientes recomendaciones para un sueño tranquilo y reparador:

99

- *Evita sonidos excesivamente estimulantes, disonantes, desagradables.*
- *Da masaje a las plantas de los pies con aceite de sésamo.*
- *Da masaje a los puntos del sueño: centro de la frente y parte baja del abdomen.*
- *Evita un ambiente excesivamente seco o húmedo.*
- *Date un masaje con aceite de sésamo cada mañana antes del baño.*
- *Evita ver televisión por la noche, en especial antes de las 21:00 horas.*
- *Conserva limpia y ordenada tu cama.*
- *Evita estimulantes como la cafeína, nicotina y el alcohol.*
- *Bebe un vaso de leche caliente, hervida, sin mezclarla con comida ácida o salada.*
- *Evita comer inmediatamente antes de ir a la cama.*

5. Terapia del Campo Mental

El Dr. Roger Callahan es el descubridor de esta nueva forma de psicoterapia. Tras agotar todos los recursos terapéuticos de la época, 1978-1979, el Dr. Callahan tomó un curso de *kisiología* con la esperanza de encontrar un camino que le permitiera ayudar a una mujer que sufría de fobia al agua.

En ese curso aprendió a *golpetear* o *repiquetear* en ciertas partes de cuerpo, tal como el Dr. Diamond sugiere respecto a la glándula timo. Por otro lado, escuchó algunas nociones de *acupuntura*. Les explicaron que el meridiano del estómago termina debajo de los ojos.

En ese momento hizo una asociación genial, al recordar que Mary se quejaba de un horrible malestar en el estómago al ver o tocar el agua. Se le ocurrió que ella podía golpetear debajo de los ojos con las yemas de los dedos con el fin de aliviar las molestias del estómago.

En la siguiente entrevista le propuso que repiqueteara debajo de los ojos. Mary lo hizo y al cabo de unos minutos se sintió libre de su miedo al agua. Fuera de sí por la sorpresa, el Dr. Callahan le propuso que fueran a su casa para ver si ella podía tocar el agua de la piscina. Así fue: pudo meter su mano en el agua y jugar con ella sin miedo ni sufrimiento alguno.

A partir de 1979 el Dr. Callahan ha desarrollado una nueva forma de psicoterapia que, entre otras cosas, se aplica en el manejo del estrés y la eliminación de la ansiedad. Se comprende que ha tenido que inventar una teoría nueva para explicar por qué unos golpecitos en puntos del cuerpo descubiertos por la acupuntura pueden producir efectos terapéuticos.

Creo que tú y otros lectores pueden beneficiarse enormemente del conocimiento y uso de la Terapia del Campo Mental. Supongo que el "*algoritmo*" especial para el estrés produce, igual que los deportes aeróbicos –que por ser más tranquilos nos permiten tomar aire [caminar, trotar, bailar, nadar...]–, la risa, la meditación, etcétera, produce mayor cantidad de endorfinas en el cuerpo. Llego a esta conclusión al observar las sensaciones de bienestar que obtengo con el algoritmo para el estrés.

La columna vertebral de la **TCM** –Terapia del Campo Mental– consiste en el "**Protocolo**". Esta palabra *protocolo*, en medicina, significa "una serie de actos médicos previamente fijados que se deben seguir en el tratamiento o diagnóstico de una enfermedad" (M. Moliner, *Diccionario de uso del español*, p. 796).

A continuación te ofrezco el *protocolo* simplificado con los pasos que hay que seguir en el tratamiento del estrés. Obviamente sería ideal que pudieras seguir algún curso de introducción o el *curso de algoritmos TCM*. De esta manera te será más sencillo el empleo de esta nueva corriente de psicoterapia.*

Protocolo de la TCM

1. Describa brevemente el asunto: ¿estrés?, ¿ansiedad?, ¿fobia?, ¿deseo compulsivo?

2. Pensando en ese problema, evalúe el nivel de su malestar actual en una escala del 0 al 10, en la que "10" significa el nivel más alto y "0" la ausencia total de malestar.

3. Ejecute el algoritmo que corresponde al problema que se quiere eliminar. Por e-jemplo, para uno de los 4 asuntos arriba mencionados, *piense en el estrés o...* mientras golpetea (5 veces) estos puntos: bajo el *ojo*, bajo el *brazo*, bajo la *clavícula*.

4. Evalúe su malestar o pregunte a la persona qué número da a su malestar actual.

5. Si su malestar ha bajado 2 o más grados, haga el paso número 6. Si no baja o sólo ha bajado 1 grado, corrija la IP (*Inversión Psicológica*), golpeteando el punto IP en el filo de la mano (15 veces), al centro entre el meñique y la muñeca. Repita el número 3, golpeteando los *puntos mayores* del algoritmo correspondiente al problema.

Evalúe de nuevo. Si el malestar no ha bajado 2 grados por lo menos, use la segunda corrección de la IP: dé masaje al *punto sensible* que se halla bajo la clavícula cerca del hombro *izquierdo*, mientras piensa en el problema (10 segundos). Luego golpetee otra vez los *puntos mayores* correspondientes al algoritmo del número 3.

---

* Para informes sobre los cursos de TCM puedes consultar: www.tftrx.com; joanne@tftrx.com y en México: María Eulalia Pérez Porrúa: Tel. 5545 34 62; Fax 5250 64 72; meulalia@prodigy.net.mx

Haga otra evaluación. Si el malestar no baja 2 o más grados, haga la tercera corrección de la IP: masajear el *punto sensible*, pero pensando en sus *problemas y limitaciones en general* (10"). Enseguida repita los *puntos mayores* del número 3.

Evalúe otra vez. Si ya bajó el malestar 2 o más grados, haga el *9 gama* descrito en el número 6 que viene a continuación.

6. Golpetee el *punto gama*, que se halla en el reverso de la mano, unos 2 centímetros más allá de los nudillos de los dedos meñique y anular. Mientras piensa en el proble-ma, golpetee el *punto gama* unas 5 veces por cada uno de los nueve pasos siguientes:

   1) Ojos abiertos

   2) Ojos cerrados

   3) Ojos abiertos abajo a la izquierda

   4) Ojos abiertos abajo a la derecha

   5) Un círculo completo con los ojos (viendo arriba, a un lado, abajo, al otro lado)

   6) Otro círculo con los ojos en sentido contrario

   7) Tararear a boca cerrada una melodía

   8) Contar del 1 al 5 en voz alta

   9) Tararear a boca cerrada otra vez

7. Enseguida repita los *puntos mayores* correspondientes al número 3.

8. Evalúe de nuevo. Si el nivel es mayor que 2, use los correctores de la inversión en el orden antes sugerido. Luego repita todo el conjunto: *mayores-9gama-mayores*.

   Cuando el malestar baje hasta 2 o menos, haga el ejercicio de relajación que consiste en *rodar los ojos del piso al techo*, golpeteando el *punto gama*. Así puede bajar el nivel a

1 ó 0. Consolida el logro obtenido cuando el malestar ya está en 0.

Para cerrar este capítulo podemos observar que el nivel de las *conductas* constituye un campo abierto de posibilidades. No hay nada mejor que la *acción* concreta para liberarnos de las tensiones producidas por el estrés.

El *algoritmo TCM* para el *estrés* se parece a la meditación en la acumulación de sus efectos. Cuanto más eliminas el estrés o la ansiedad por medio de dicho algoritmo, tanto más tranquilo o tranquila te vuelves. Se diría que influye en tu ser o en tu identidad, haciendo que adquieras una personalidad más serena y tranquila.

Reconozco que sólo te he presentado una selección de posibles *acciones* para liberarte del estrés. En las obras citadas en la bibliografía podrás encontrar ulteriores propuestas para que te conviertas en una persona tranquila y pacífica. Esto es el ideal: desarrollar una actitud de paz que te permita reaccionar con serenidad frente a todas las situaciones y personas con las que entres en relación.

6— RELACIONES HUMANAS CONSTRUCTIVAS

La convivencia con personas tranquilas o amistosas o cariñosas o que acogen nuestro servicio hecho con amor aparecen como un antídoto eficaz contra el estrés. Así como hay "personas difíciles" que nos causan estrés (Dr. P. Légeron, *Le stress au travail*, p. 91-96), también hay aquellas que, por diversas razones, son capaces de suscitar en nuestro ánimo sentimientos de calma y tranquilidad.

Cierto, hay situaciones en las que no somos libres de elegir las personas con las que convivimos. No tenemos alternativa externa. En tal caso, como hemos visto en el capítulo 3 de esta segunda parte, tenemos que apelar a nuestra *libertad interior.* Allá en nuestro corazón sí somos libres para escoger el sentimiento con el que queremos reaccionar frente a las personas difíciles.

Dentro de esta perspectiva se comprende que nuestras *relaciones humanas* pueden ser *constructivas* si nosotros optamos por el *amor* o por actitudes relacionadas con él. Por ejemplo, el *servicio,* la *elección de perspectiva,* la *negociación,* el *apoyo grupal.* En concreto, vamos a considerar en este capítulo los siguientes puntos.

- *Amor tranquilizante*
- *Placer de servir*
- *Elección de perspectiva*
- *Negociar para ganancia mutua*
- *Apoyo grupal*

1. *Amor tranquilizante*

Hace años que la palabra *amor* ha entrado en el mundo del trabajo. Ya no se le considera como un asunto privado o confinado en los límites de los lazos familiares o amistosos. Tom Peters ha sido uno de los primeros que, en su libro *Pasión por la excelencia*, da cartas de ciudadanía a la actitud de *amor* dentro del mundo empresarial.

Es más explícita y concreta al respecto Kate Ludeman en su obra *The Word Ethic*. Incluso se permite encabezar uno de los capítulos con un título tan sugestivo como éste: *El amor también trabaja*. Allí explica los excelentes resultados que el trato afectuoso, por no decir *amoroso*, tiene en los trabajadores, empleados, colegas y socios, desde el punto de vista financiero. Más aún, la autora prevé que en el tercer milenio, teniendo en cuenta que las familias dejan un hueco afectivo en sus miembros a causa de los conflictos, divisiones y divorcios, las empresas tendrán que promover vínculos de respeto y cariño que llenen ese hueco en el corazón.

Pero el amor no sólo *"trabaja"* para obtener mejores ganancias económicas, sino también para beneficio de las personas. Más adelante, en el último punto de este capítulo haré notar que el calor y amor familiares alivian las presiones normales y anormales de la vida. El ya mencionado Dr. Hanson, especialista en el estrés, valora esta posibilidad. Por ello recomienda: "Es importante tener en cuenta que el tiempo y el esfuerzo que se invierten en mantener buenas relaciones con su familia y con sus amigos bien valen la pena. Si este aspecto de tu vida funciona bien, habrás conseguido la defensa más poderosa que puedes encontrar contra el estrés".

¿Cómo podemos practicar el amor que baja las tensiones y da entrada a las sensaciones de calma y serenidad? Supongo que tú conoces por experiencia los caminos que te permiten construir relaciones capaces de generar seguridad, paz y optimismo. Yo te voy a proponer una lista de posibilidades que tú puedes completar con recursos desarrollados por ti mismo al respecto. Me refiero a formas concretas de expresar *amor* en el contexto de la convivencia familiar, amistosa, grupal, laboral, social y religiosa. Yo he enriquecido mi propia lista con las sugerencias de Charles Prince en su librito, *36 manières d'aimer.*

- *Sonreír.*
- *Saludar.*
- *Tratar al otro con educación.*
- *Prestar atención al otro.*
- *Escuchar con atención.*
- *Interesarse por el otro.*
- *Comprender al otro.*
- *Preocuparse por el bien del otro.*
- *Hacer preguntas sobre el estado del otro.*
- *Valorar las cualidades ajenas.*
- *Expresar aprecio por los talentos ajenos.*
- *Decir verbalmente lo que admiramos en el otro.*
- *Dar muestras de afecto oportunas: abrazar, besar.*
- *Ofrecer un servicio.*
- *Compartir los propios conocimientos.*
- *Pedir excusas al dar una negativa.*
- *Felicitar al otro por sus logros.*
- *Perdonar las ofensas del otro.*
-
-
-
-

2. *Placer de servir*

Cuando se trabaja con una actitud de *servicio* es más difícil que el *trabajo* nos cause tensión y nos meta en la angustiante camisa del fuerza que es el estrés. Cuando hacemos de nuestras tareas en casa, en la escuela, en el trabajo, en la Iglesia, etcétera, una oportunidad de servir, nos adentramos en los terrenos de la paz y de la serenidad.

Si trabajo, de cualquier forma, con el fin de servir, me libero de expectativas y juicios mentales que inducen el estrés. Me sentiré bien aunque no me den las gracias ni me alaben. Por estar pensando en las necesidades de la persona o comunidad a la que sirvo, no tendré tiempo de pensar en mí mismo ni de hacer juicios sobre lo bueno y lo malo, correcto o incorrecto, culpabilidad o mérito del comportamiento ajeno o de la circunstancia actual.

Esta actitud de servicio ha hecho que los grandes líderes, desde Jesús a Gandhi, fueran capaces de generar *sinergia* con sus seguidores y entre ellos. Así nacen las relaciones de cordialidad y respeto que hoy día son consideradas como fundamentales para "triunfar en la nueva economía".

Esta última frase aparece como subtítulo del libro *El placer de servir*, escrito por Ron McCann. Aquí, en esta obra, el autor contrapone *conveniencia* a *servicio*. Cuando vamos a un restaurante tipo McDonald's experimentamos lo que es la *conveniencia*. Allí solicitamos detrás de un muro, mediante un micrófono y sin tener que bajar del auto, aquello que deseamos comprar. Luego, en una ventanilla, pagamos al cajero. En la tercer ventanilla nos entregan lo que ordenamos. Esto no es *servicio*, sino *conveniencia*.

En efecto, aquél reclama relaciones interpersonales directas, de tú a tú, en tono amable. También supone un interés verdadero por la persona del cliente y sus necesidades reales.

La intención de esta actitud de *servicio* no apunta hacia el dinero en modo directo e inmediato, ni va en pos de un beneficio personal. Al contrario, se pretende agradar al otro y ayudarle a resolver sus necesidades, porque se le considera valioso y merecedor de amor y respeto.

En tal sentido, McCann cita a M. Phillips y S. Rasberry, autores de la obra *Honest Business*, que sostienen: "La mayoría de quienes encontramos que el servicio es tan importante lo hacemos por un sentimiento interior muy profundo".

Al dejarte llevar por ese *sentimiento interior muy profundo*, te vuelves capaz de prestar tus *servicios* de una manera sincera, cordial y generosa. Y el fruto de este proceso consiste en el placer y la alegría. De esta manera te colocas en las antípodas del estrés. En lugar de la energía innecesaria de la adrenalina y cortisol, experimentas el impulso sereno y gozoso de las endorfinas.

En este sentido orgánico, el mencionado *sentimiento interior*, que podemos llamar *atención, respeto, amor, actitud de servicio,* etcétera, representa una alternativa para liberarnos del estrés. Y esto sucede no sólo en el ámbito laboral sino en cualquier circunstancia en que realizamos actividades estresantes. En casa, las amas de casa se hallan sometidas a prisas y tensiones generadoras de estrés. A ellas, lo mismo que los maestros, conductores de transportes públicos, empleados de compañías aéreas y a cuantos realizan trabajos de servicio, les puede ayudar mucho la adopción de ese *sentimiento interior* mientras prestan sus servicios.

"El estímulo no es el dinero –insiste McCann–, consiste en lograr una diferencia en el mundo a través de lo que uno hace. Cuando usted da servicio y trabaja para proporcionarlo a sus clientes, experimenta ese placer de servir. Es este placer el que hace que se siga prestando el servicio; es el profundo, hermoso y vibrante sentimiento lo que hace que uno quiera regresar por más.

"No tiene que estar usted en un *negocio de servicio* para poder servir. Cualquiera que sea su actividad, de la forma o naturaleza que sea, usted proporciona por medio de ella un servicio. Y éste afecta positivamente la vida de la gente en todas partes".

Cuando te lanzas a "servir por el placer de servir", te conviene colocarte en *primera posición.* Me refiero a que adoptes una perspectiva netamente personal, como si abrieras las puertas de tu alma que son los sentidos. Por este camino te será más fácil sentir en tu cuerpo y en tu ánimo la descarga de endorfinas que el placer genera naturalmente.

3. *Elección de perspectiva*

En el último párrafo acabo de aludir a un conjunto de posibilidades que la vida nos ofrece para relacionarnos con los demás. En efecto, somos libres para escoger si nos acercamos a los otros desde *primera, segunda* o *tercera posición.*

En la *primera* eres tú mismo, te comportas como actor y, en especial, abres las puertas de tu alma –los sentidos–, dejando que las conductas y actitudes del prójimo penetren en la intimidad de tu ser.

Puedes imaginar de inmediato que la *primera posición* resulta suicida frente a personas difíciles, prepotentes o agresivas. Si dejas entrar sus agresiones, sus injusticias, malos modos o exigencias desmedidas, acabarás viviendo sentimientos negativos y, a no dudar, sentirás los efectos nocivos del estrés.

Delante de esa clase de personas hace falta echar mano de la *segunda* y *tercera posiciones.* Con la *segunda,* que es más conocida con el nombre de *empatía,* serás capaz de salir de ti mismo y de emigrar virtualmente al interior de los demás para tratar de comprenderlos desde su propia perspectiva.

En tal situación, porque te hallas en su interior más que en ti mismo o en ti misma, fracasarán en su intento –consciente o inconsciente– de agredirte, oprimirte o molestarte. Tú te encuentras, no tanto en tu sitio, sino de su lado, queriendo entender lo que les pasa o lo que posiblemente explica su comportamiento contigo.

Hay una pregunta que, en el lenguaje popular, expresa muy bien el dinamismo de esa virtual emigración al interior del otro que desencadena la empatía: *"¿Qué le pasa?"*

Otras formas verbales del proceso de emigrar al mundo del otro para comprenderlo en lugar de padecerlo como agresor, prepotente o difícil, pueden ser las siguientes:

- *¿Por qué reacciona así?*
- *¿Por qué actúa de esta manera?*
- *¿Qué significan realmente sus palabras?*
- *¿Qué oculta su comportamiento negativo?*
- *¿Qué es lo que busca al actuar así?*
- *¿Cuál es la intención positiva de su actitud?*
- *¿Qué necesita?*
- *¿Qué habrá vivido para desarrollar este carácter?*
- *¿Cuál puede ser la lógica de sus conductas tan raras?*

Repito, al trasladarte al interior del otro o al seno del grupo que te ataca, evitas el estrés generado por su actitud o comportamiento difícil. De allí que la *empatía* o *segunda posición* sea una especie de mandamiento para encarar circunstancias o personas negativas. En lugar de juzgarlas o condenarlas procuras comprenderlas. Al entender un poco las torturas o tensiones que viven en su interior, no sólo conservas la calma, sino que también te vuelves capaz de echarles una mano con misericordia y amor.

Otra alternativa de cara a esa clase de individuos o grupos consiste en la *tercera posición*. Esta tiene como fundamento la capacidad humana de reflexión. Más todavía, se apoya en uno de los rasgos constitutivos de toda criatura humana: la *autoconciencia*. Gracias a este atributo, puedes convertirte en observador de ti mismo. Ahora mismo, mientras estás leyendo estas líneas, puedes tomar conciencia de tu ritmo respiratorio, de tu posición corporal, de la temperatura de tu rostro, de lo que estás pensando o sintiendo...

Pues bien, en el seno mismo de una relación interpersonal o grupal puedes salirte virtualmente de ella. Como si vieras en la televisión la escena de una película, tienes la capacidad de observar a tu interlocutor y a tu propio yo. Por esta vía dejas momentáneamente la *primera posición* y evitas el peligro de los sentimientos negativos o del excesivo estrés.

Ahora mismo puedes hacer un ejercicio. Imagíname a tu lado dirigiéndote estas palabras. Una vez que tienes alguna imagen o idea de mi presencia, observa:

- *Mi postura corporal y la tuya mientras nos comunicamos.*
- *El tono de mi voz y tu actitud de escucha.*
- *El movimiento de mis manos mientras hablo y tu ritmo respiratorio.*
- *Mi mirada que te anima a vivir la paz interior y tu deseo de lograrlo.*
- *El brillo de mis ojos que revelan entusiasmo por la salud y tu voluntad de cuidarla o de recuperarla.*
- *Las palabras que utilizo y la acogida bondadosa que tú les das.*

De hoy en adelante, como si fueras un niño que goza explorando nuevas formas de diversión, tienes la posibilidad de jugar con el empleo de estas tres *posiciones perceptuales*. Tú escoges libremente la perspectiva desde la cual te acercas a las personas y circunstancias.

Supongo que al elegir la *primera posición* frente a lo bueno y hermoso, que a cada instante sale a tu encuentro, podrás aumentar más la alegría de vivir. Ante tus familiares, amigos y seres queridos, esta *posición* permitirá que tu sensibilidad acoja más vivamente su amor, su cariño, su afecto, su estima, su estímulo. Frente a personas pobres, enfermas o dolientes, podrás despertar los sentimientos de compasión y ternura que te permitirán desplegar tu bondad y amor a favor suyo.

Cierto, el empleo consciente de estas diversas *posiciones* ofrece muchas ventajas. Además de libertad del estrés, te permiten enriquecer tu comunicación. Es bien sabido, en el mundo de la comunicación, que la *segunda posición* resulta indispensable para comprender a tu interlocutor y para establecer relaciones profundas con él. Al meterte en los zapatos y en el pellejo del otro consigues captar lo que realmente te quiere comunicar. Así penetras mejor en el significado de sus palabras. Entonces tus respuestas serán más acertadas.

La *empatía* o *segunda posición* utiliza normalmente expresiones que revelan la voluntad de comprender al otro, sin tomar como dogma de fe el propio punto de vista. Considera, por ejemplo, las siguientes expresiones que, tal vez, pueden ayudarte a adoptar la *segunda posición*:

- *Tú quieres decir que...*
- *Percibo que te sientes...*
- *Me parece que tú...*
- *Te gusta que...*
- *Si no me equivoco, tú quieres...*
- *Tal vez buscas posibilidades para salir del problema...*
- *Vienes a hablar conmigo para encontrar soluciones...*

4. *Negociar para ganancia mutua*

Los *conflictos* representan una de las fuentes más abundantes y frecuentes de estrés. Esto vale especialmente en relación con las personas que más queremos. Las diferencias con ellas nos hacen sentir, al menos transitoriamente, la amenaza de vernos privados de su respeto y amor. Esto nos hace sufrir y nos causa las tensiones del estrés.

De aquí nace la importancia de aprender a *negociar* con las personas que presentan opiniones, puntos de vista y proyectos contrarios a los nuestros. En familia, por ejemplo, el papá piensa que los niños deben pasar las vacaciones en un campamento. La mamá considera mejor que toda la familia vaya junta a casa de los abuelos.

En el trabajo, el responsable de ventas propone aumentar la producción, pero el responsable de esta área se opone. En la Iglesia unos piensan que es importante aumentar el diálogo con otras religiones y otros piensan que esto es peligroso y que más bien hay que declarar categóricamente que fuera de la Iglesia no hay salvación.

En estas circunstancias el espíritu de *negociación* permite evitar la tensión de estar jalando la cuerda para traer al otro hasta nuestra posición, y hacer que acepte nuestro punto de vista y opine como nosotros. Al evitar este jaloneo conseguimos conservar la calma y la paz.

Negociar significa buscar solución a nuestros conflictos por medio de opciones que satisfagan los derechos ajenos y los propios. Se trata de obtener una *ganancia mutua*: que mi opositor gane y que yo gane. Los dos tenemos dignidad de personas y los dos somos hijos de Dios. Además, la vida se muestra pródiga en posibilidades. Más allá de la meta o solución que cada uno propone, existen otras mucho mejores.

Ante este panorama podemos percatarnos de que el amor al prójimo no excluye el amor al propio yo. Al contrario, de acuerdo al precepto bíblico, el amor al prójimo presupone y reclama el amor a uno mismo. Así que el arte de negociar constituye una expresión práctica de ese precepto, puesto que nos alienta a buscar el bien del otro y el bien propio.

De acuerdo a R. Fisher y W. Ury, autores del clásico en negociar que es *Getting to Yes*, el proceso de *negociación* implica los elementos siguientes:

- *Personas*: separa a las personas del problema.
- *Intenciones*: céntrate en la intención, no en la posición.
- *Opciones*: genera el mayor número de opciones para elegir la que conlleve la mejor ganancia mutua.
- *Criterios*: insiste en que el acuerdo (la opción elegida) se apoye en la realidad objetiva.

Es frecuente que enfrentadas por un desacuerdo, las partes opten por los extremos: uno impone su voluntad y el otro cede. Por consiguiente, uno se reafirma en su prepotencia y se aleja todavía más de sus semejantes. El otro, para evitar problemas o tensiones, cede. Renuncia así a derechos que necesita para su crecimiento y el de otros seres humanos cercanos a él.

Cualquiera de estas medidas extremas excluye el amor. Si ejerzo presión moral sobre el otro para salirme con la mía, ignoro su dignidad y sus derechos. Si me someto y hago lo que él quiere, es posible que esté conculcando mi dignidad y mis derechos, omitiendo el amor para mí mismo.

Esto último resulta tanto más grave cuanto mayor es el valor vulnerado. Imaginemos el caso de una joven secretaria que, ante los reclamos de su jefe, cede y se va de aventura con él... Ciertamente la falta de amor a sí misma resulta muy grave y dañosa, mucho más que el renunciar a un trabajo que le gusta y que necesita para vivir.

Al *negociar*, en busca de *ganancia mutua*, se persigue el alejamiento equidistante de ambos extremos: imponerse o ceder. Ni uno ni otro es constructivo en la vida de los humanos, salvo en circunstancias en que el amor convierte el acto de ceder en un semilla que germinará posteriormente y dará frutos.

Volvamos ahora a los elementos que configuran el proceso de *negociar con ganancia mutua.*

1. **Separar las personas del problema**. Este acto mental que nos permite aceptar que una cosa es el conflicto y otra la persona que opina diferente se demuestra altamente productivo. No inclina a conservar el respeto y el cariño para el prójimo independientemente de las diferencias respecto al punto de vista, proyectos, etcétera.Imagina, por ejemplo, que quieres comprar el coche que vende tu amigo. Tú le ofreces una cantidad menor que la que él pide. Esta diferencia, claro está, no tiene por que acabar la amistad. La relación entre ustedes es distinta del conflicto que existe respecto al precio del coche. No hay por qué identificar las personas y el problema. Al contrario, hay ocasión de mejor los vínculos amistosos por encima de las diferencias inevitables entre personas que se caracterizan precisamente por ser diferentes.

2. **Aclarar la intención de fondo**. Es normal que detrás de una opinión o posición respecto a un asunto se esconda una cadena de intenciones o metas que, de ordinario, no son del todo conscientes para nosotros. Por ello cabe la posibilidad de *aclarar* cuál es la *intención* que palpita dentro de un determinado punto de vista.

   En el ejemplo apenas propuesto, te tocaría preguntar a tu amigo: " *¿Qué fin persigues al insistir en el precio que me has pedido?"*

   Supongamos que él te responde: *"Para obtener el dinero que necesito para pagar mis deudas y adquirir un coche usado"*. Tú podrías insistir, buscando la *intención* que se halla debajo de la anterior: *"Disculpa mi insistencia. ¿Para qué quieres lograr ambas metas, en lugar de contentarte con una, por ejemplo, la de pagar tus deudas?"* El podría replicar: *"Para disponer de un vehículo que me permita seguir trabajando"*. Tú añades: *"Aunque me parece obvio lo que me quieres decir, me atrevo a insistir: ¿qué buscas con seguir trabajando?"* Te responde: *"Para tener casa, comida y vestido para mi familia y para mí..."* Llegados a este punto es posible que tú reveles tu propia *intención* al pedir un precio más bajo: *"Ahora te entiendo mejor, pues precisamente yo necesito un vehículo para realizar mi trabajo y conviene que sea tan bueno como tu coche..."*

3. **Buscar opciones de doble ganancia.** Una vez que se ha logrado un acercamiento con el oponente a nivel de *intenciones*, asoma a la puerta la posibilidad de *buscar opciones* capaces de satisfacer las necesidades y derechos de ambas partes.

Este es el momento de desplegar la creatividad personal, de modo que las *opciones* deseadas puedan ser descubiertas. De acuerdo al ejemplo propuesto, algunas alternativas podrían ser como éstas:

   – *Te pago la cantidad que pides, pero en plazos.*
   – *Te pago menos y te ayudo a buscar un coche usado económico.*
   – *Te pago menos y tú sigues usando tu coche hasta que encuentres otro.*
   – *Etcétera.*

4. **Apoyar la solución en criterios objetivos.** Supongamos que las dos partes concuerdan en que una determinada opción contiene una *ganancia mutua*. Ahora conviene que, antes de aplicarla como solución, se la confronte con *criterios objetivos*. Se pretende tener garantías de que sí va a funcionar efectivamente.

Siguiendo con el mismo ejemplo e imaginando que la opción considerada como la mejor es la de *pagar a plazos el precio establecido*, cabe preguntarse si esto es objetivamente realista: *¿Puede pagar puntualmente el deudor? El vendedor, ¿será capaz de saldar sus deudas a plazos? ¿Será capaz de comprar un coche usado?*...

Si la *opción* pasa la criba de los *criterios objetivos,* entonces las partes se hallan preparadas para hacer o, si fuera el caso, para firmar un *acuerdo*. En este caso se verificaría lo que sostiene el refrán popular: "*Hablando se entiende la gente*".

También podríamos añadir que *negociando se entiende la gente y se libera del estrés.* Más que nada, al negociar, la gente se libera de otros muchos males que los conflictos llevan consigo: tensión, angustia, enfermedad, depresión, infelicidad, separación, divorcio, etcétera.

Aunque todavía no logramos crear una *cultura de negociar* cuando tenemos conflictos interpersonales, intergrupales o internacionales, podemos aportar nuestro grano de arena para que su práctica se extienda en nuestra sociedad. Por lo menos por liberarnos del estrés y sus efectos nocivos, vale la pena contribuir al desarrollo de la cultura de negociar.

5. Apoyo grupal

La investigadora de la escuela de medicina de la Universidad de Harvard, Joan Borysenko, sostiene en base a sus observaciones que el estrés se amortigua en nuestra vida cuando contamos con "el amor y el apoyo de otras personas".

El grupo de apoyo puede ser de índole muy diversa. Se puede tratar de un grupo de amigos o de compañeros de escuela que se reúnen semanalmente. Puede consistir en el grupo de personas, enfermas, pobres o marginadas, que reciben nuestro servicio social o apostólico. También se incluye en este renglón al grupo de terapia o de oración con el que nos reunimos una o más veces por mes. Hay que pensar, de manera especial, en el núcleo familiar.

Sea cual sea el tipo de grupo al que pertenecemos, para que de veras constituya un *apoyo* que alivie nuestro estrés, requiere ciertas características. Entre otras, según el psiquiatra Patrick Légeron, se encuentran las siguientes:

- *Apoyo afectivo.* El grupo nos ofrece un clima emocional cálido en el que disfrutamos del cariño, respeto, comprensión y, en momentos difíciles o estresantes, nos brinda *apoyo emocional* expresado con frases como: "*Sabes que cuentas con nosotros*". "*Estamos contigo*". "*Llámanos en cualquier momento*".

- *Apoyo de estima.* Desde el punto de vista de la Psicología, la *estima* consiste en la valoración de los talentos y cualidades de un ser humano. El grupo que nos da *apoyo de estima* refleja en el espejo de su opinión las cualidades y recursos con que contamos. Entonces nos hace reconocer nuestros talentos y la posibilidad de emplearlos para superar nuestras dificultades. Así alienta nuestra esperanza y nos anima a seguir adelante, a buscar soluciones, a aplicar la que parece la mejor, etcétera. La estima es expresada con frases de este tipo: "*Te conocemos, tú puedes*". "*Has salido de problemas peores*". "*Con tu experiencia e ingenio, vas a superar esta situación difícil*".

- *Apoyo material.* Aun desde las condiciones más precarias, el verdadero grupo de apoyo pone a nuestra disposición una asistencia material: trabajar con nosotros, visitarnos, ayudarnos a buscar trabajo, procurarnos la entrada a un hospital, poner en nuestras manos un préstamo, etcétera. En este caso escucharemos afirmaciones o preguntas como éstas: "*Cuenta con lo poco que tenemos*". "*Avísanos cuándo necesitas...*" "*¿Qué necesitas para lograrlo?*". "*¿Qué te hace falta?*"

- *Apoyo informativo*. En este tiempo en que se habla del *"capital intelectual"* o del *"conocimiento que crea las empresas"*, podemos comprender mejor la importancia de la *información* que un grupo nos puede brindar. Aquí entran los consejos, sugerencias, experiencias compartidas, contactos, bancos de información, expertos, agencias de trabajo, préstamos bancarios, consejeros matrimoniales, acompañantes espirituales, etcétera.

  En este aspecto, los miembros de nuestro grupo de apoyo nos pueden decir: *"Conozco un experto que te ayudará a encontrar soluciones"*. *"Te cuento mi experiencia en una situación parecida"*. *"Tengo contactos en el banco... universidad... empresa..."*

- *Apoyo organizador*. Más en la línea de PNL, lo mejor que un grupo puede poner a nuestra disposición consiste en la ayuda para que despleguemos los recursos personales y hagamos buen uso de ellos para enfrentar la situación o persona que propicia pensamientos o interpretaciones que generan estrés. Por ejemplo, nuestro grupo puede alentarnos a realizar un *plan sistémico* que contiene estos cuatro elementos:

  - META
  - ACCIÓN
  - AGUDEZA
  - FLEXIBILIDAD

  Por medio del método de hacer preguntas, que pone en marcha el despliegue de nuestros talentos, nuestro grupo nos puede alentar a realizar los cuatro pasos apenas señalados:

  - *¿Qué es lo que quieres realmente? ¿Cuál es tu meta más allá de esta situación?*
  - *¿Qué acciones vas a realizar para lograr lo que quieres?*

120

■ *¿Cómo vas a saber que estás logrando lo que quieres?*

■ *Si no estás logrando lo que buscas, ¿qué otras acciones alternativas puedes realizar para conseguir lo que quieres?*

El grupo te puede apoyar también en la realización de estos cuatro pasos. Por ejemplo, te puede ofrecer *feedback* o información acerca de lo que ve en cuanto a tu progreso en pos de la meta. También puede darte luz en relación a otras alternativas. Y así sucesivamente.

En verdad resulta óptimo reconocer que los demás desempeñan un papel muy importante en el alivio y liberación del estrés. Nos conviene tener relaciones humanas profundas. Siempre será ideal que el núcleo familiar sea cálido, nutriente, afectuoso y cercano, para que nos ofrezca un oasis en medio del desierto y las tormentas de arena que nos salen al paso por los caminos de la vida.

Para concluir y resumir de alguna forma este capítulo, me permito subrayar que la mejor forma de recibir apoyo, estima y amor consiste en dar nosotros mismos esos valores. Cosechamos lo que sembramos. Si sembramos amor, recogemos amor. Al mismo tiempo lograremos crear comunidad entre el grupo de amigos, familiares o personas con que nos relacionamos habitualmente.

7— MEDITACIÓN COTIDIANA

En el mundo médico se utiliza la palabra *"meditación"* para hablar de un tipo de oración que se practica en las grandes religiones del planeta. De hecho se habla de *meditación yoga, meditación trascendental, meditación zen, meditación cristiana,* etcétera.*

Las investigaciones sobre la *meditación* realizadas en el mundo de la Medicina y de la psicología revelan el poder terapéutico y tranquilizante de esta práctica religiosa. A este respecto vamos a considerar, en el presente capítulo, dos puntos:

- *Investigación médica sobre la meditación*
- *El factor fe*
- *Práctica de la meditación*

1. *Investigación médica sobre la meditación*

De acuerdo al neurocientífico inglés, J. Z. Young, en su libro *Los programas del cerebro humano*, el acto de venerar a Dios con sinceridad logra sincronizar los dos hemisferios del cerebro. Entonces el cerebro se unifica en su totalidad y funciona como un solo programa.

A este respecto comenta el mismo Young: "Hemos hecho hincapié repetidamente en la unidad del programa. De tiempo en tiempo necesita ejercitarse y ensayarse como un todo. Esto

---

* Dentro de la Iglesia católica, por ejemplo, el Cardenal Joseph Ratzinger ha publicado un folleto que se titula *La meditación cristiana. "Orationis formas"*, Ciudad del Vaticano, 15 de octubre de 1989.

es lo que pasa cuando veneramos, ya sea en la callada contemplación de un paisaje o en una ceremonia religiosa. Permitimos que los sistemas de gratificación viertan su contenido sobre toda la variedad de los programas corticales".

El *contenido* de los *sistemas de gratificación* consiste en las endorfinas, tal como nos recuerda el mismo autor en el mismo libro. Otras investigaciones muestran que la *veneración* de Dios tiene lugar más específicamente en la *meditación*.

Esta disciplina milenaria, que en cada religión tiene un contenido peculiar, ha sido redescubierta en nuestros días. Se han investigado su efectos metabólicos, fisiológicos y mentales. Por ello es recomendada por eminencias en el mundo de la medicina. Piensa, por ejemplo, en los Drs. Benson, Simonton, Siegel, Weil, etcétera.

El Dr. Herbert Benson hizo, en la universidad de Harvard las primeras investigaciones sobre los efectos metabólicos, fisiológicos y psicológicos de la *meditación trascendental*. Incentivado por sus descubrimientos se lanzó a indagar si otras formas de oración eran capaces de producir efectos similares. Así, entre otras, estudió la *oración de recogimiento* que santa Teresa de Ávila enseña a sus hijas e hijos carmelitas. En concreto, aplicando el electroencefalograma, electrocardiograma y pruebas de sangre a los carmelitas descalzos de Washington DC, pudo verificar que, en efecto, también esta forma meditativa de oración produce efectos positivos en el cuerpo y en el ánimo de los que la practican cada día.

También, con la ayuda del ejercito de Estados Unidos, se trasladó a las montañas del Himalaya al norte de la India, donde viven los monjes del Dalai Lama después de ser expulsados de su país. Allí pudo verificar los extraordinarios resultados que tales monjes consiguen a partir de la práctica de la meditación. Por ejemplo, pueden vivir en temperaturas de 10 ó más grados bajo cero vistiendo solamente una túnica y un manto de algodón delgadísimo.

En fin, al estudiar diversos métodos de meditación propios de las grandes religiones de la Tierra, el Dr. Benson advierte sus innegables efectos medicinales. Su realización día con día ayuda a conservar la salud o a recuperarla. En esta perspectiva es importante su poder tranquilizante, esto es, su capacidad de reducir y eliminar el estrés.

El Dr. Larry Dossey se ha dedicado también por decenios a investigar el aspecto médico de la meditación. En sus múltiples libros sobre este tema recoge los resultados obtenidos por otros investigadores o los reportes médicos que existen en los archivos de hospitales o que han sido publicados en revistas especializadas.

Otros médicos, como los oncólogos Carl O. Simonton y Bernie Siegel, incluyen el uso de la meditación para apoyar el tratamiento del cáncer. Ellos sostienen la hipótesis de que el *estrés* se halla en la base de los procesos orgánicos y mentales que dan origen a esa terrible enfermedad. Al mismo tiempo verifican que la meditación no sólo pone en contacto con el Creador, el Manantial eterno de la salud, sino que produce paz y serenidad. Por tanto, combate la raíz misma del proceso patológico que engendra la enfermedad del cáncer.

El Dr. Andrew Weil, al proponer la práctica cotidiana de la meditación, tiene en mira la recuperación de la salud socavada por cualquier tipo de patología. También tiene como meta la conservación del bienestar y buen funcionamiento orgánico y psicológico que caracterizan a la salud.

Entre los efectos saludables de la meditación, como antes he señalado, se incluyen cambios *metabólicos, fisiológicos* y *psicológicos*.

1- **Cambios metabólicos**. La meditación, tal como el Dr. Benson y otros investigadores han podido verificar, genera *cambios metabólicos* como la disminución del *ácido láctico* en los músculos. Esta sustancia se halla altamente relacionada con la tensión y la fatiga. Los especialistas no acaban de saber si el cansancio suscita una mayor producción de esta sustancia o si ella es la que produce la sensación de fatiga. Sea como sea, lo importante es que la meditación la hace disminuir.

También hace que baje el *consumo de oxígeno* en células. Tanto que el Dr. Benson publica en su primer libro, *The Relaxation Response*, una gráfica que compara la disminución del consumo de oxígeno durante media hora de meditación y 7 horas de sueño. Los resultados son claros: el nivel baja más durante la meditación que durante el sueño.

Otro aspecto metabólico de esta forma sencilla de orar consiste en la producción más abundante de *endorfinas*. Sabemos que estas sustancias tienen la tarea de suprimir las sensaciones dolorosas y de generar las sensaciones de bienestar y alegría.

2- **Cambios fisiológicos.** Entre éstos se incluye, tal como puede mostrar un electroencefalograma, la reducción de vibraciones por segundo. Las ondas beta se transforman en *ondas alfa*. Estas últimas, como es bien sabido, acompañan naturalmente los estados de calma y tranquilidad.

El Dr. Benson es un cardiólogo y, por lo mismo, ha observado con mayor cuidado el impacto de la meditación en un órgano tan vital como es el *corazón*. Ha encontrado que éste palpita en modo más tranquilo y más poderoso.

La piel adquiere mayor *resistencia galvánica* en las personas que se entregan a la práctica cotidiana de la oración profunda. Así queda de manifiesto que el organismo se encuentra en mejores condiciones para enfrentar las tensiones normales y anormales de la vida.

3- **Cambios psicológicos.** Diversas investigaciones revelan que los *"meditadores"*, esto es, las persona que practican la meditación cada día, pueden verificar cambios psicológicos muy concretos. En primer término, tal como conviene al contenido de este ensayo, hay que subrayar la *serenidad* que caracteriza a los *meditadores*. Si al mediodía se aplica un electroencefalograma a quienes meditan por la mañana y por la noche, se verifica la presencia de *ondas alfa*. Esto revela que la meditación tiende a estabilizar la tranquilidad y la calma en las personas. Nos ofrece datos más recientes al respecto el Dr. A. Newberg en el primer capítulo de su libro *Why God Won't Go Away*.

Una explicación de la serenidad inducida por la oración profunda se refiere al *sistema nervioso autónomo*. Cuando padecemos el estrés, como nos recuerda la medicina, el *simpático* se halla en plena actividad. De ahí la abundancia de adrenalina y cortisol en la sangre, las palpitaciones del corazón y demás síntomas. En cambio, en el momento en que empezamos a orar, nos advierten los Drs. Benson, Koenig, Harrison y otros, desconectamos el sistema *simpático* y conectamos el *parasimpático*. Entonces el corazón empieza a latir pausadamente, bajan los niveles de adrenalina, de ácido láctico y de otros indicadores del estrés.

Otros efectos psicológicos comprobados en tales personas son: *más creatividad, mejor concentración, menos obsesiones y adicciones, mayor capacidad de empatía,* etcétera.

2. *El factor fe*

En sus investigaciones realizadas directamente con los *meditadores* ha podido verificar la conexión directa que hay entre la *fe* y los efectos corporales y mentales de la meditación. Bajo el título *el factor fe* y en un contexto científico, nos ofrece un resumen de sus observaciones.

Para empezar, nos explica, en su libro *El poder de la mente*, que "el cerebro reacciona y cambia cuando en la vida cobran importancia una convicción y una fe personal profundas. Nuestras creencias y convicciones son parte de nuestros pensamientos y, por ende, parte de nuestro cerebro. Cuando pensamos o actuamos por una convicción profunda, estamos recurriendo a una «instalación cerebral» ya existente. Por lo tanto, sentimos que lo que estamos haciendo es auténtico y correcto; nos sentimos cómodos cuando operamos apoyándonos en los cimientos de convicciones profundamente arraigadas".

A partir de este hecho, el Dr. Benson propone que cada quien practique la meditación de acuerdo a su propia fe religiosa. Incluso propone frases que hagan resonar el cuerpo de quienes tienen una fe budista, hindú, judía, cristiana, musulmana, etcétera.

"Incluso, como tú sabes ya –escribe el mismo Doctor en su libro *La relajación*– estamos descubriendo que el potencial para aprovechar la simple técnica de relajación crece cuando es realizada en el contexto del sistema de creencias de la persona. En este caso, la capacidad interna para combatir la tensión, la amenaza de problemas o, por otro lado, el desarrollo de las capacidades mentales, aumenta. En otras palabras, la relajación puede ser ocasión para echar mano del *factor fe*, ya que la fe personal aumenta los poderes internos para combatir las tensiones. Estos beneficios se multiplicarán en la medida en que tú te apoyes en el *factor fe* –o la combinación de la técnica de relajación con tu sistema personal de creencias que sientes vibrar en el fondo de tu ser".

Teniendo en cuenta esta posibilidad, el Dr. Benson sugiere que durante la meditación utilicemos una palabra o frase que refleje nuestro sistema básico de creencias. Y es entonces cuando él propone algunas frases o palabras para repetir, sin concentrarnos en ellas, mientras realizamos la meditación. He aquí algunas de sus sugerencias para los creyentes de diferentes religiones:

- **Católicos**
  - La oración del corazón: *Señor, Jesús, ten misericordia de mí.*

- Del padrenuestro: *Padre nuestro.*
- Del Ave María: *¡Dios te salve, María!*
- Del Credo: *Creo en el Espíritu Santo.*
- Sigue con otros ejemplos.

- **Protestantes**
  - Del salmo 23: *El Señor es mi pastor.*
  - Del salmo 100: *¡Aclama al Señor, tierra entera!*
  - Palabras de Jesús: *Mi paz os doy.*
  - Ofrece otras sugerencias.

- **Judíos**
  - La palabra hebrea que significa paz: *Shalom.*
  - La palabra "Uno" en hebreo: *Echod.*
  - Palabras del Señor en el Antiguo Testamento: *Haya luz.*
  - Otros ejemplos.

- **Musulmanes**
  - La palabra Dios en árabe: *Alá.*
  - Palabras de Mahoma: *El Señor es admirable en su bondad.*
  - Palabras del primer musulmán que llamó a la oración: *Ahadum –Uno [es Dios].*

- **Hindúes o Budistas**
  - Del Bhagavad Gita: *La alegría está dentro.*
  - De Gandhi: *Vuelve a la luz interna.*
  - De la literatura budista: *La vida es una jornada.*

El Dr. Benson aclara que también los que no tienen una fe religiosa pueden meditar. Su meditación puede apoyarse en las convicciones profundas que tengan acerca de la vida, la verdad, el amor, etcétera. Pueden seguir los pasos que propongo en el punto siguiente repitiendo una palabra que haga vibrar sus creencias: *Luz... Vida... Verdad... Paz...,* etcétera.

Gandhi, como sabemos, practicaba las enseñanzas de Jesús sobre el amor fraterno y el amor a los enemigos. Pero siempre conservó su fe brahamánica y oraba a impulsos de ella. De hecho, él mismo confiesa que la oración había salvado su vida o, para decirlo con mayor precisión, su salud mental. Imaginemos las enormes presiones que soportaba al oponerse frontalmente al dominio inglés en la India. Sin la ayuda poderosa de la oración habría sido presa fácil del estrés y de la enfermedad.

En el libro *Todos los hombres son hermanos* declara: "La oración ha salvado mi vida. Si la oración no me hubiera sostenido, hace tiempo que habría perdido la razón. Atravesaba entonces por las pruebas más duras de mi vida, pública y privada. Durante algún tiempo estuve hundido en una verdadera desesperación. Si pude salir a flote, fue gracias a la oración... Aunque muchas veces tuve que vérmelas con situaciones que, en el plano político, me parecían desesperadas, nunca he perdido el sentimiento de paz que en mí anidaba. Muchos han sentido envidia de esa serenidad. Es la oración la que la explica. No soy un sabio, pero pretendo humildemente ser un hombre de oración. Poco importa la manera de orar. En esta materia, cada uno es su propia ley. Sin embargo, hay ciertos itinerarios claramente jalonados, que es más seguro seguir, sin separarse de ellos, ya que han sido trazados por maestros expertos de antaño. Tal es mi testimonio personal. Cada uno podrá comprobar cómo la oración cotidiana añade algo nuevo a la vida".

3. *Práctica de la meditación*

Al estudiar los métodos de meditación que se emplean en las grandes religiones de la Tierra, el Dr. Benson ha podido individualizar cuatro pasos concretos. Son como el esqueleto más esencial en que las diversas creencias encarnan su comunicación con Dios o con el Creador o con el Vacío... Estos son los cuatro momentos de la meditación:

- *Lugar tranquilo*
- *Postura corporal cómoda*
- *Actitud receptiva*
- *Dejar tranquilamente los pensamientos.*
- *Acto de esperanza*

Sabiendo que la mayoría de mis lectores son cristianos, voy a mostrar que Jesús oraba también, aunque no exclusivamente, siguiendo estos cuatro pasos. Su ejemplo y enseñanzas nos ofrecen datos suficientes para afirmarlo.

- *Lugar tranquilo*
  Varias veces se cuenta en los evangelios que Jesús se retiraba a lugares solitarios para orar: Mt 14,23; Mc 1,35; 6,46; Lc 3,21; Jn 6,15.

- *Postura corporal cómoda*
  Según el evangelio de Mateo, en el Huerto de los Olivos, Jesús "rostro en tierra, suplicaba así: Padre..." (26,39).
  Según Marcos: "postrado en tierra..." (14,35).
  Según Lucas: "puesto de rodillas oraba diciendo: Padre, si quieres, aparta de mi esta copa..." (22,41-42).

- *Actitud receptiva*
  Jesús "estaba orando en cierto lugar y cuando terminó, le dijo uno de sus discípulos: «Señor, enséñanos a orar...» Él les dijo: «Cuando oréis, decid: Padre, santificado sea tu Nombre, venga tu reino...»" (Lc 11,1-2).

- *Dejar tranquilamente los pensamientos*
  Es normal que al concentrar la mente en Dios, abriéndole el corazón en fe y amor para acoger su amor y su autodonación, surjan pensamientos o distracciones en nuestra mente. En lugar de luchar contra ellos, nos limitamos a dejarlos a un lado y volvemos a concentra nues-

tra atención y nuestro amor en Dios Padre, tal como Jesús nos enseña. En efecto, Jesús nos recomienda: "Al orar, no habléis mucho, como los paganos, que se figuran que por su palabrería van a ser escuchados. No seáis como ellos, porque vuestro Padre sabe lo que necesitáis antes de pedírselo. Vosotros, pues, orad así: «Padre nuestro que estás en los cielos...»" (Mt 6,7-9).

- *Acto de esperanza*

  Nos visualizamos *como si ya* tuviéramos la serenidad o la cualidad o el cambio o el bien que deseamos en este momento de nuestra vida. Enseguida expresamos a Dios la confianza de obtener eso con su ayuda. Nos alegramos viendo, como en una película, las escenas en que aparecemos poseedores de lo que esperamos. Terminamos planeando las acciones concretas que hoy mismo realizaremos para hacer realidad nuestra esperanza.

Este último punto lo añado cuando enseño la meditación en un contexto cristiano. Jesús mismo lo sugiere: "Todo cuanto pidáis en la oración, creed que ya lo habéis recibido y se os concederá" (Mc 11,24).

En concreto, toca a cada uno de nosotros realizar la meditación de acuerdo a su propia fe religiosa o filosófica. En el contexto cristiano podemos seguir los cinco pasos propuestos por Jesús con su ejemplo y enseñanzas. De acuerdo a nuestra tradición, apoyada en la predicación de Jesús, el punto nuclear del proceso consiste en el tercer paso. Los cristianos abrimos el corazón a Dios, de acuerdo al ejemplo de Jesús, mediante el amor. Le ofrecemos nuestro amor sincero para acoger el suyo infinito, transformante, beatificante y tranquilizante. En este punto echamos mano de una frase corta como las que sugiere el Dr. Benson, lo mismo que de cualquier palabra o expresión que, de acuerdo a nuestra fe, nos permita expresarle nuestro amor. Puede ser una frase como: *"Dios mío, te amo"*.

- LUGAR TRANQUILO
- SENTARSE CON LA COLUMNA CÓMODAMENTE DERECHA
- AMAR A DIOS PADRE (repitiendo de corazón: *Dios mío, te amo.*
- DEJAR LOS PENSAMIENTOS A UN LADO
- HACER UN ACTO DE ESPERANZA

El Dr. Benson recomienda que hagamos la meditación durante 20 minutos por la mañana y 20 por la tarde o la noche. Mejor antes de las comidas o unas dos horas después. En base a sus investigaciones desde el punto de vista médico, son necesarios esos dos períodos diarios y durante un mínimo de 20 minutos para garantizar sus resultados positivos en el cuerpo y en el ánimo. Cierto, vale más practicar la meditación durante tres o cinco minutos que abandonarla del todo.

También está claro que los cristianos oramos para tener un encuentro amistoso con el Dios que nos ha creado y nos ha transformado en sus hijos por medio de su Hijo hecho hombre, muerto y resucitado. Por tanto, al orar queremos encontrarnos con nuestro Padre que nos ama como nadie, nos valora como nadie, nos espera como nadie, nos perdona como nadie, nos impulsa como nadie, nos llena de gozo como nadie, nos entrega su paz y serenidad como nada ni nadie y se nos da Él mismo como nadie.

Por tanto, los cristianos consideramos los efectos corporales y mentales de la meditación como una ganancia secundaria. El mayor beneficio de esta oración profunda consiste, para nosotros, en acoger al Dios que se nos da sin reservas por medio de su Hijo encarnado y en su Espíritu, con todo su amor, alegría, paz, misericordia·y poder infinitos.

CONCLUSIÓN

Aprecio y agradezco que me hayas acompañado en este recorrido por los espacios ilimitados con que cuenta nuestra libertad personal. Se trata, en este contexto, de la libertad para escoger los pensamientos, representaciones, estados emocionales y conductas que te permitan manejar saludablemente el estrés de la vida diaria.

Espero que uses este libro no como material de lectura sino como un recetario que te permite saber qué hacer de cara a las tensiones normales y anormales del mundo moderno. Confío en que cada día aprenderás mejor a usar los *recursos* de que te ha dotado la vida o el Creador de la vida para buscar la paz y la serenidad como un destino emocional.

Sí, así es: no te ofrezco nada nuevo. Los recursos para buscar la paz y conservarla ya se encuentran dentro de ti. Tú tienes en tus manos la libertad para usarlos o dejar que se atrofien. Sé muy bien que de ahora en adelante echarás mano de ellos cada día, puesto que tu ser personal ha sido creado para la calma y la tranquilidad.

En base a tu condición de persona, que hace de ti un ser *único, autoconsciente, responsable, libre* y *capaz de amar*, será fácil que aprendas a elegir con responsabilidad las *interpretaciones* o *pensamientos* que te permiten vivir los sentimientos positivos: *amor, alegría, paz, esperanza, optimismo...*

Visto el mundo desde la perspectiva de tu libertad personal, resulta que la realidad se nos ofrece blanda y maleable como barro fresco. Toca a cada uno de nosotros dar forma, en el nivel interior de la experiencia, a ese barro informe de las circunstancias, eventos y vivencias de cada momento del día.

Se puede decir entonces que tú y cada ser humano es también un artista. Todos tenemos que elegir, más o menos conscientemente, los pensamientos que dan forma en nuestro interior a los acontecimientos. Y la vida, que en sus diferentes expresiones, se muestra bella, armoniosa, ordenada, buena y constructiva, te inclina naturalmente a caminar en esa misma dirección.

Por tanto, tu propio ser te impulsa desde tu interior a dar formas bellas, armónicas, ordenadas, buenas y constructivas a tus distintas experiencias. En otras palabras, la vida que vibra en todas tus células rehuye el estrés y busca la paz, la alegría, el amor, la armonía interpersonal, grupal, social y espiritual.

Para que puedas optar por estos y otros valores similares, la vida te ha dotado de todos los recursos necesarios. En especial tu *pensamiento*, con sus *representaciones* y el *diálogo interno* pone al alcance de tu libertad una multiplicidad de posibilidades. Eres libre para escoger la clase de representaciones con que introduces la realidad en tu corazón. Tú eliges también las *palabras, preguntas* y *afirmaciones* o *pensamientos* con que realizas tu diálogo interno acerca de lo que vives en tu mundo interno o personal y en tu mundo externo –familia, sociedad, Iglesia y medio ambiente–.

En conclusión, tú decides si quieres vivir con estrés o con calma, con tensión o con tranquilidad, con nerviosismo o con serenidad. Estos sentimientos dependen, principal, aunque no exclusivamente, de tu *pensamiento*, tal como los filósofos estoicos de la época de Jesús habían descubierto.

Desde esta perspectiva, la avalancha de presiones normales y anormales, que se nos viene encima cada día, aparece más como una oportunidad que como una amenaza. Nos da la ocasión de elegir. Así nos permite entrenarnos en el arte de vivir. La vida, en efecto, se nos ofrece a cada instante como un abanico de posibilidades. Nos fuerza a elegir. En el aspecto emocional nos impone la elección del estrés o de la paz, del miedo o de la esperanza, de la tristeza o de la alegría, de la ira o del amor.

Por tanto, lejos de temer los problemas, las situaciones difíciles o a las personas negativas, puedes alegrarte, valorando todo eso como una oportunidad para desplegar tu libertad emocional. Se comprende así que es posible asociar *estrés y felicidad.**

---

* Se coloca en esta línea, además del libro *El placer del estrés* del Dr. P. Hanson, la obra de V. F. Birkenbihl, *Stress & felicità*, Milán, Francoangeli, 1998.

BIBLIOGRAFÍA

Amador Pizá, A. E., *Técnicas para dominar el estrés y vivir mejor*, México, EDAMEX,1997.

Andreas, S. Y. Faulkner, Ch., *PNL La nueva tecnología del éxito,* Barcelona, Urano,1998.

Bandler, R. & Grinder, J., *La estructura de la magia,* Santiago de Chile, Cuatro Vientos, 1988.

Benson, H., *The Relaxation Response*, New York, William Marrow, 1976.

Benson , H. con Proctor, W., *La relajación,* México, Grijalbo, 1989.

Benson, H. con Proctor, W., *El poder de la mente*, México, Grijalbo, 1989.

Benson, H. with Stark, M., *Timeless Healing. The Power and Biology of Belief,* New York, Scribner, 1996.

Bertherat, T. y Bernstein, C., *El cuerpo tiene sus razones,* México, Paidós, 1991.

Blawyn, E. J. y S., con S. Jones, *Ejercicios energéticos*, Barcelona, Robin Book, 1995.

Bloomfield, H. H, Cain, M. P., Jaffe, D. T. and Kory, R. B., *TM Discovering Inner Energy and Overcoming Stress,* New York, Dell Publishing, 1975.

Borysenko, J., *Minding the Body, Mending the Mind*, Reading, MA, Addison Wesley, 1987.

Brookes, D., *Beat Stress from Within*, London, Hollanden, 1997.

Brooks, Ch. V. W., *Conciencia sensorial*, México, Diana, 1985.

Callahan, R. J. and J., *Stop the Nightmares of Trauma*, La Quinta CA, Callahan TechNiques, 2000.

Callahan, R. J. with Trubo, R., *Tapping the Healer Within*, Lincolnwood, ILL, Contemporary Books, 2001.

Capra, F., *El punto crucial*, Barcelona, Integral, 1985.

Carlson, R. y Shield, B. (Eds.), *La nueva salud*, Barcelona, Kairós, 1990.

Chopra, D., *Creating Health*, Boston, Houghton Mifflin Co., 1991.

Chopra, D., *Timeless Mind, Ageless Body*, New York, Harmony Books, 1993.

Chopra, D., *Restful Sleep*, New York, Harmony Books, 1994.

Davis, M., Robbins Eshelman, E., McKay, M., *The Relaxation & Stress Reduction Work Book*, Oakland, CA, New harbinger Publications, 2000.

Diamond, H. & M., *Fit for Life II: Living Health*, New York, Warner, 1989.

Diamond, J., *Kinestesiología del comportamiento*, Madrid, EDAF, 1980.

Dilts, R., *Changing Belief Systems with NLP*, Cupertino, CA, Meta Publications, 1990.

Dilts, R., Halbom, T., Smith, S., *Beliefs. Pathways to Health & Well Being*, Portland, Oregon, Metamorphous, 1990.

Dilts, R., DeLozier, J., *Encyclopedia of Systemic Neuro-Linguistic Programming and NLP New Coding* I-II, Scotts Valley, CA, NLP University Press, 2000.

Dossey, L., *Healing Words*, New York, Harper San Francisco, 1993.

Dossey, L., *Be Careful What You Pray For...*, New York, Harper San Francisco, 1997.

Dossey, L., *Prayer is Good Medicine*, New York, Harper San Francisco, 1997.

Ellis, A., Grieger, R., *Manual de terapia racional emotiva*, Bilbao, Desclée de Brouwer, 1985.

Ellis, A., Maclaren, C., *Rational Emotive Behavior Therapy*, Atascadero, CA., Impact Publishers, 1999.

Ellis, A., *Usted puede ser feliz*, Barcelona, Paidós, 2000.

Finkler, P., *Cuerpo sano y mente sana*, Madrid, Paulinas, 1986.

Fisher, R., and Ury, W., *Getting to Yes*, New York, Penguin, 1993.

Frankl, V. E., *El hombre en busca de sentido*, Barcelona, Herder, 1978.

Gandhi, M., *Todos los hombres son hermanos*, Madrid, Sociedad de Educación Atenas, 1981.

González, L. J., *Salud. Nuevo estilo de vida*, Roma, Teresianum, 1998.

González, L. J., *Excelencia personal: Valores*, Buenos Aires, Lumen, 1999.

González, L. J., *Amor, salud y larga vida*, Roma, Teresianum, 2000.

González, L. J., *Terapia del estrés, fobias y adicciones*, México, EDICIONES DEL TERESIANUM, 2001.

Hanson, P. G., *El placer del estrés*, México, SITESA, 1989.

Hanson, P. G., *Stress for Success*, New York, Ballantine, 1991.

Harrison, E., *Come la meditazione guarisce*, Milano, Gruppo Editoriale Armenia, 2001.

Kaiser, J. D., *Immune Power*, New York, St. Martin's Press, 1993.

Koenig, H. G., *The Healing Power of Faith*, New York, Simon & Schuster, 2001.

Hendricks, G., Ludeman, K., *La nueva mística empresarial*, Barcelona, Urano, 1999.

Laskow, L., *Healing with Love*, New York, Harper San Francisco, 1992.

141

Lazarus, R. S., Folkman, S., *Estrés y procesos cognitivos*, México, Roca, 1991.

Légeron, P., *Le stress au travail,* París, Odile Jacob, 2001.

Lersch, Ph., *La estructura de la personalidad,* Barcelona, Scientia, 1968.

Locke, S., Colligan, D., *El médico interior,* México, Hermes, 1997.

Loehr, J. E., *La excelencia en los deportes,* México, Planeta, 1990.

Ludeman, K., *The Worth Ethic,* New York, E. P. Dutton, 1989.

Maisel, E. and N., *Sleep Thinking*, Holbrook, MA, Adams Media, 2000.

Marshall, L., *Libérate del estrés*, Barcelona, Robin Book, 1994.

Matthews, D. A. with C. Clark, *The Faith Factor*, New York, Viking, 1998.

McCann, R., *El placer de servir,* México, Pax-México, 1991.

Moen, L., *Relaja tu mente,* Barcelona, Robin Book, 1994.

Moyers, B., *Healing and the Mind,* New York, Doubleday, 1993.

Newberg, A., D'Aquili, E., Rause, V., *Why God Won't Go Away*, New York, Ballantine, 2001.

Olbricht, I., *Lo psíquico y nuestra salud*, Barcelona, Herder, 1991.

Ortega y Gasset, J., *La rebelión de las masas*, Madrid, Espasa-Calpe, 1966.

Pérez Toledano, M. A., *Estrés. Vida o muerte,* México, Fonseca, 1990.

Peiffer, V., *Stress Management,* San Francisco, CA, Harper Collins, 1996.

Prince, Ch., *36 manières d'aimer*, Burtin, France, Ed. des Béatitudes, 2001.

Robbins, A., *Despertando al gigante interior*, México, Grijalbo, 1993.

Rossi, E. L., *The Psychobiology of Mind-Body Healing*, New York, W. W. Norton & Co., 1988.

Sánchez Franco, J., *El psiquista y la salud*, Madrid, Index, 1988.

San Juan de la Cruz, *Obras completas*, Madrid, Espiritualidad, 1988.

Saint-Exupéry, A. de, *El principito*, México, Fernández Ed., 1974.

Siegel, B., *Amor, medicina milagrosa*, Madrid, Espasa-Calpe, 1988.

Siegel, B., *Peace, Love & Healing*, New York, Harper & Row, 1989.

Siegel, B., *How to Live Between Office Visits*, New York, Harper Collins, 1993.

Selye, H., *Stress without Distress*, New York, Signet, 1975.

Selye, H., *The Stress of the Life*, New York, Mc Graw. Hill, 1978.

Simonton, C. O., Matthews-somonton, S., Creighton, J. L., *Getting Well Again*, New York, Bantam, 1988.

Singh Khalsa, D. and Stauth, C., *Meditation as Medicine*, New York, Pocket Books, 2001.

Stevens, J. O., *Darse cuenta*, Santiago de Chile, Cuatro Vientos, 1988.

Whittlesey, M., *Estrés*, Barcelona, CEAC, 1988.

Wilkinson, G., *Stress*, Milano, Tecniche Nuove, 1999.

Wilson, P., *Calm at Work*, London, Penguin, 1998.

ÍNDICE